カリスマ社長の
父に退任を迫り
いきなり!
社長になった
息子の話

一瀬 健作
いきなり!ステーキ
㈱ペッパーフード サービス社長
＋百折不撓 編集委員会

百折不撓
シリーズ

いきなりですが

プロローグ

登場人物

一瀬邦夫――株式会社ペッパーフードサービス社長（当時）。父。
一瀬健作――株式会社ペッパーフードサービス副社長（当時）。息子。

2022年8月12日金曜日。午後5時、テレビ画面にニュース速報、「株式会社ペッパーフードサービス代表取締役社長　一瀬邦夫氏が辞任」のテロップ。

話はその4日前にさかのぼる。

2022年8月8日月曜日。午後3時ごろ。

錦糸町駅から徒歩5分ほどのオフィスビル、オリナスタワー17階の株式会社ペッパーフードサービス本社。
一瀬健作は社長の執務机の前で足を止め、深呼吸する。
意を決した表情を浮かべる健作。
しっかりとした硬い声で目の前の社長に話しかける。

健作　「社長、少しお時間いただけますか」

大きな椅子に座った一瀬邦夫が顔を上げる。

邦夫　「ああ、いいよ」

軽くうなずく邦夫。そのしぐさには、長年カリスマ社長の座にいた余裕を感じさせる。だが、目の前にいる健作の険しい表情には気づかない。
人目を避けるように経営戦略室に入る。

部屋の中央に大きな長方形のテーブル。
唐突に、健作が口を開く。

健作　「社長、代表を降りてもらえないでしょうか」

びっくりした表情の邦夫。黙り込み、健作の顔をじっと見つめる。
邦夫がボソッとした口調で沈黙を破る。

邦夫　「えっ……。じゃあ、俺は会長になるのか」

健作は間髪をいれず即答する。

健作　「いいえ、会社に残ることはやめてください。顧問や名誉職も含めて、全部です。
会社の経営と一切関わらないでください」

理由を説明する健作。その口調は冷たいほど淡々としている。
邦夫はうつむいて、怒ることもなく、噛みしめるように聞いている。

邦夫　「本当に、全部降りなきゃ駄目なのか？」
健作　「はい。お願いします」

邦夫の語尾にかぶせるように即答する健作。
邦夫は再び押し黙る。

邦夫　「そうか」

考え込むしぐさで無言の邦夫。
部屋に入ってから、静かに15分が流れていた。

ごあいさつ

私は、株式会社ペッパーフードサービスの代表取締役社長をしている一瀬健作です。会社の主力ブランドである「いきなり！ステーキ」は、２０２４年10月の時点で、国内１７６店舗、海外5店舗を展開しています。

「いきなり！ステーキ」の社長と聞いて、皆さんが真っ先に思い浮かべるのは、創業者の父・一瀬邦夫のほうだと思います。各店舗の入り口に、コック姿の父が笑顔でステーキ肉を切っている写真が飾られていますから、来店したことがない方も一度は目にしたことがあるのではないでしょうか。

父は、小さなレストランの店主から始まり、たった一人で会社を大きくしました。ヒット商品も次々と生み出してきました。

僕はといえば、いわゆる二世社長です。父の会社を引き継ぎましたが、正直、まだ何も成し遂げてはいません。

「こんな僕が、自分の本なんて出していいのだろうか」

久々に顔を合わせた父に、つい本音をこぼしてしまいました。

するとすでに自分の本を何冊も出版している父は、何でもないことのように言いました。

「いいじゃん。自信持って出せよ」

背中を押してくれたのは、他の誰でもない、父でした。

プロローグでチラッとお見せした場面に至るまで、息子として、部下として、父との長い道のりがありました。

この本は、株式会社ペッパーフードサービスの繁栄と衰退、そして再生のストーリーであると同時に、父と息子の物語なのです。

「一瀬健作はどういう人間なのか」を知っていただくために、僕自身の駄目な部分も含めて、かなり赤裸々に綴ったつもりです。というか、僕の人生の前半は駄目なところばかりなのです……。

父から逃げまくった少年期の逃亡生活、価値観が変わった修業時代、心を入れ替えたと思ったら、また逃亡――。

「なんだこいつは、甘ったれたボンボンじゃないか」と言われそうですが、どうか皆さん、途中で読むのをやめないでください。後半になるにつれて、僕もなかなか頑張っているのです。

入社してからも、波瀾万丈は続きます。

ピンチが次々と襲いかかりました。食中毒事件や新型コロナウイルス感染拡大。

そして、この本では、いままで父が出した本でも語られたことがなかった〝心斎橋事件〟についても、僕の視点で振り返っています。

「いきなり！ステーキ」がジェットコースターのように、猛スピードで上昇し降下していった。その時、社内では何が起こっていたのか。父と僕の間で、どんな出来事があったのか――。

そんなストーリーがあって、ついに、社長交代劇の幕が上がります。

父のようなカリスマ性もなく、言ってみれば凡人気質の僕が、いろいろなことを乗り越えることができたのは、人との出会いに恵まれたからです。やはり、何よりも大切なのは「人の縁」です。家族、先生や友人、従業員の皆さんに、知らず知らずのうちに支えられ、励まされてきました。

若いころから、「なぜか僕は人から好かれるなあ」なんてぼんやりと生きてきました。でも考えてみると、礼儀に厳しかった父が「人に感謝すること」を徹底して教えてくれたおかげなのだろうと思います。

これまで会社の経営を立て直すためにはどうしたらいいか、僕はひたすら考えてきました。

でも、会社のトップに立った僕が、いま考えていることは、「人」についてです。

僕には経営者としての理念があります。

それは「従業員の幸せなくして、お客様の幸せはない」です。

お客様に愛される店にするためには、まずは従業員たちが愛情を持てる店にしなければなりません。

飲食業は大変な仕事です。でも、お客様の笑顔を見た時の喜びや達成感には、かえがたいものがある。働きがいのある仕事でもあります。

僕はレストランを経営する父のもとに生まれ、ずっと飲食業界で生きてきました。「どうして飲食業で働くのか」なんて疑問を持つことすらありませんでした。

だから、「どうすれば従業員が〝ここで働きたい〟と思える店になるのか」を、必死で考えています。

ある時、社員旅行でディズニーランドへ遊びに行った際に、スタッフのことを〝キャスト〟と呼んでいることに気づきました。

それ以降、ペッパーフードサービスでも、スタッフのことを〝キャスト〟と呼ぶことにしています。料理の説明やオペレーションを、ただマニュアル通りにこなすだけでは面白くありません。自分が〝お客様に幸せを提供するパフォーマー〟になった意識で、楽しく仕事に取り組んでもらいたいのです。

もう一つ。「いきなり！ステーキ」で働くキャストそれぞれがつけている名札があります。

これは父が「各自が責任感を持って仕事をするように」と言って始めたものでした。僕は、さらに一歩前に出て、お客様とのコミュニケーションツールにしたいと思いました。そこで、名札に「趣味」「夢」「好物」の欄を加えました。

キャストの個性をきっかけにして、お客様との会話が始まる。お客様とのコミュニケーションがあれば、きっと働くモチベーションも上がるはずです。そうすれば、だんだん自分が働く店を好きになっていく……。

そんなプラスの効果があったらいいな、と期待しています。皆さまも、共通の趣味などがあるキャストを見つけたら、ぜひ声をかけてみてください。


この本を、もし多くの人に読んでいただけたなら、大変うれしいです。

でも僕が、一番読んでもらいたいのは、会社の従業員たちです。

「自分が働く会社のトップは、こんなことを考えているのか」

そんなふうに、笑ったり、少し自分と重ねてみたりしながら、読み進めてもらえたらいいなと思います。

それでは、ぜひ、エピローグまでお付き合いください。

CONTENTS

逃走

【第1章】逃走

1972　東京都墨田区向島で生まれる
1985　父・邦夫が有限会社くに（現ペッパーフードサービス）を設立
1988　東京都内の私立高校に入学。夏、父に反発して家出
1989　家に戻る
1991　都立の定時制高校に入学
1992　母が他界

屋上のダクト音が○○の合図

１９７2年6月26日、東京都墨田区で生まれました。父と母、祖母、2歳上の姉と僕の5人家族です。

父の邦夫は地元の洋食屋のコックから始まり、山王ホテルのレストランに9年間務めました。山王ホテルは、東京・赤坂の日枝神社に隣接していた日本を代表するホテルで、戦後は在日米軍の施設として使われていました（１９８3年に閉鎖）。１９７０年に独立し、東京・向島で「キッチンくに」を開業しました。6坪12席の小さな店で働く父と母は毎日忙しく、あまり家にいなかったので、寂しい思いをしていたのを覚えています。

「キッチンくに」の開業から9年後、創業した場所から約１５０メートルの場所に、父は4階建てのビルを建てました。1階と2階がお店で、3階と4階が自宅です。店は60席に増え、従業員も3、4人雇えるようになっていました。新たに店の名前は「ステーキくに」としました。父が一番力を入れていた看板メニューのステーキから名付けました。

世の中ではインベーダーゲームが大流行し、カセットテープを歩きながら聴くウォークマンが発売されたころです。

僕は小学1年生になったばかりでした。自宅ビルの屋上に設置されたダクトから「ガーッ」という大きな音が聞こえてくると、「あ、お客さんのピークが来たな」と子どもながらにドキドキしたものです。ダクトが動き始めると、店と直通のインターホンが鳴って、手伝いに呼び出される。これが僕と姉の日常でした。

毎朝、僕はランチの仕込みを任されていました。まず、お米を4升研ぐ。一度には研げないので、大きなボウルに2升ずつ分けて研いで、いつでも炊ける状態に準備します。それから、ハンバーグの仕込みです。挽き肉と材料をボウルに入れて混ぜ、130～150グラムずつに成形していく。それが全部終わったら、学校へ行く。

父は「店が忙しければ子どもの手も借りる」という考えの人なので、学校から帰ると、洗い物や調理補助によく駆り出されました。とはいえ、そんなにひどい毎日じゃありませんでしたよ。手伝いをすればほめてもらえるし、仕事場で両親と一緒にいられることがうれしい気持ちのほうが強かった。それほど嫌ではなかったんです。

小学3年生のころからは出前もするようになりました。片手に岡持ちを持って、自転車での配達です。特に日曜日の夕方は稼ぎ時なので、夕方の6時から閉店までびっちり仕事をします。夕方6時半ごろに出前に行くと、配達先の家の中から「サザエさん」の音楽が流れてくる。家族団らんの声が聞こえてきて、うらやましかった。もちろん7時からのアニメ「タッチ」も見たことがなくて、学校で流行の話題に乗れない。「うちって他の家とはちょっと違うんだな」と少しずつ感じ始めました。

客足が一段落しても、ラストオーダーが終わる夜9時半ごろになると、必ず閉店の手伝いに行かなくてはいけない。毎日、出前の自転車を店内にしまって、出前の伝票確認と翌日の準備、洗い物などなどです。

中学生になるころには、店の手伝いが嫌になっていました。

お調子者でプレッシャーに弱い

学校の成績はとくに優秀ではありませんでした。5段階評価のうちオール3くらいのレベル。父は良い成績をとれとは言いませんでしたが、「2とか3の教科があってもいい。でも、ひとつくらい得意科目で5をとれ」と怒られました。

でも、学校生活は楽しかったです。友達がたくさんいたし、先生からの評判もすこぶる良かった。

僕はお調子者なのでしょうね。周りから「健作にやってほしい」なんて頼まれると、なんでも引き受けてしまうんです。放送委員長、学校代表の応援団長、英語のスピーチ役、音楽コンクールの指揮者もやりました。でも、練習をすっぽかして逃げてしまうこともしばしばでした。頼まれてハイハイと返事をしてしまうけど、結局は自分の好きなことじゃないと続かないんです。

それに僕はものすごくプレッシャーに弱かったと思います。小学5年生から中学まで入っていた地元の少年野球チームで、みんなが試合で活躍することを目指して練習しているのに、僕は試合の日は行きませんでした。緊張してしまうからです。当時の僕は、責任が重いと逃げたくなってしまう性分だったんです。

両親はあまり勉強にうるさいタイプではありませんでした。でも、中学2年の時、父に突然、「ちょっと行くぞ」と言われ、父の後を追って歩いていきました。着いたのは、進学塾でした。「お前は今日からここに入るんだ」と父が言いました。高校受験を控えた僕の成績が心配だったのでしょう。

だけど、こんなこともありました。中学3年の夏期講習の申込書を父に見せると、「勉強は好きか?」と聞かれ、僕は「そんなに好きじゃない」と答えました。すると、父はあっさり「じゃあ行かなくていいよ」と言うんです。

ラッキー!と思う半面、内心では20万~30万円かかる夏期講習代をケチるほど、父から期待されていなかったのかもしれないと複雑な気持ちになったのを覚えています。

そのころ「ステーキくに」は順調で、東京・両国国技館前に2店舗目(現在は父が経営する「和牛ステーキ和邦」があります)をオープンしていました。一般的に見れば決して貧乏な家ではありませんでしたが、個人商店の経営の厳しさを間近で見ていた僕は、親に金銭的な負担はかけられないと感じていたんです。

だから、都立高校に進学したかった。しかし、担任の先生から「都立は受からないから駄目だ」と一蹴され、私立一本で受験することになりました。父は「しょうがないな」と承諾してくれましたが、もしも落ちた時には定時制高校に通う条件でした。結局、葛飾区の修徳高校の普通科を受験して、無事合格することができました。

希望通りとはいきませんでしたが、いざ入ってみると、高校生活は楽しかったです。

これまでと同様に友達とも仲が良く、先生との関係も悪くなかった。軟式野球部に入部して、学校の行事にもちゃんと参加していました。高校1年生はうまくスタートを切れた……はずでした。

父に怒られたらいつも……

父はとても厳しい人です。本当に怖かった。父に口答えしたり、反抗したりするなんてことは考えられませんでした。でも嫌いじゃないんです。なぜなら、理不尽なことで怒る人ではないから。

一番厳しく教えられたのは礼儀作法です。玄関で靴をそろえるとか、きちんと人にあいさつするとか、いま考えると当たり前のことばかり。そうした父の教えがあったからこそ、僕は人に恵まれて生きてこられたのだと思います。

でも、子どものころの父は絶対的な存在で、僕がいたずらをしたり、悪いことをしたりすると、怖い罰がありました。

「丸刈り」にされるんです。

中学生のころ、ちょっと悪いことをして、父に「坊主頭にしてこい」と近所の床屋に行かされました。僕はもう頭を丸刈りにするのが嫌で、せめてもの抵抗で五分刈りにして帰ったら、父にめちゃくちゃに怒られて、ひげ剃りで頭を剃られそうになりました。なんとか阻止して、慌てて床屋に駆け込みました。

床屋のおばさんに「だから五分刈りで大丈夫?って聞いたでしょ。あなたのお父さん厳しいんだから」とあきれられながら、泣く泣く五厘刈りにして家に帰りました。

中学校3年間はほぼ丸刈りで、髪が伸びる時なんてありません。みなさんは、何だそんなことかと思うかもしれませんね。でも、当時世間はDCブランドが全盛期で、友達もファッションに目覚め始めていました。僕にとって、この〝丸刈りという罰〟は大問題でした。

この後、僕はこの罰が嫌で、とんでもないことをしでかします。

健作、逃げる

高校に入学してからは無遅刻無欠席で、真面目に学校に通っていました。でも、そのころから地元の先輩たちと夜中に出歩いて遊ぶクセがついていました。

駄菓子屋やゲームセンターに行くと、年上のお兄ちゃんたちがいて、だんだん仲良くなって遊ぶようになりました。別に悪いことはしていません。高校生でお金も持っていないので、先輩の家に入り浸ってマンガを読んだりゲームをしたりするだけ。家にいるよりも仲間と一緒にいるほうが楽しい時期だったんです。

毎晩、夜中の1時くらいに家を抜け出して、翌朝6時前にこっそり家に戻る、という生活を続けていました。

高校1年の夏休み、いつものように先輩の家に泊まって、朝方に家に帰ると、寝ているはずの母が起きて待っていました。

母は、僕が毎晩家を抜け出していることに気づいていたんです。

母はいつも優しい人でした。誰よりも僕に優しくて、僕が父に怒られそうになるとうまくフォローしてくれていました。

だから、僕が夜中に出歩いて遊んでいることを、母がいつものように見逃してくれると思い込んでいたんです。それが、今回ばかりは違いました。

「健作、こんなのは駄目よ。お父さんに言うからね」

そう言った母の顔は、いままで見たこともない形相でした。

母は思ったことをあまり口に出さず、悲しい目にあっても、ひとりで泣いてしまうようなタイプの女性でした。そんな母が本気で心配してくれていたのだと、いまではよく理解できます。

でも、その時、僕の頭に真っ先に思い浮かんだのは、激怒した父の顔でした。

こんなことを父に知られたら、また丸刈り確定です。

やっぱり高校生になると髪を伸ばして、おしゃれもしたい年頃じゃないですか。やっと髪の毛が伸びてきたのに……。やばい。また坊主になってしまう。そう焦った僕が考えたことは、たったひとつです。一刻も早くこの家から逃げる。もう、そのことしか考えられなくなっていました。

じつは、家出を考えたのはこの時が最初ではありませんでした。中学の時にも友達と家出を計画したことがありました。なんとなく、いつまでも父の言いなりにはなりたくない、という思いが大きくなっていたんです。

高校生の僕は、丸刈りにされることで、いつも父に支配されているような気持ちを抱いていました。それに耐えきれなくなっていたのだと思います。

母の言葉を聞いた僕は自分の部屋に駆け込んで、慌てて制服を着て、サブバッグの中にとりあえずの着替えだけを入れて、学校に行くふりをして急いで家を出ました。

家出したら、自分の人生が変わるかもしれない――。

本気でそう思っていました。

押上駅でスカウトされる

家出して、とりあえず先輩の家に転がり込みました。学校には行かないし、遊ぶにもお金は持っていない。まずは働こうと思い、アルバイト求人誌の「ＦｒｏｍＡ」をめくって、仕事を探しました。

最初に採用面接を受けたのは銀座のクラブでした。時は１９８８年。バブルが始まったばかりの華やかな時代でした。夜の世界に憧れがあったんでしょう。

もちろん、16歳の少年は不採用でした。

なかなか仕事が見つからず、友達と押上駅の階段に座って「これからどうしようか」としゃべっていた時のことです。

突然、「君たち、何してるの？」と年配の男性に声をかけられました。

当時、東武伊勢崎線の業平橋駅（現・とうきょうスカイツリー駅）と押上駅を地下通路で結ぶため、大規模な工事が行われていました。ちなみに、その地下通路は現在廃止されましたが、その上には東京スカイツリーが建ち、２０１２年に開業しています。

さて、その押上駅の改修工事は電車が動かない真夜中に行われ、たくさんの職人たちが働いていました。声をかけてきたのは、その工事現場の親方でした。

僕が家出していると言うと、親方は「工事の仕事があるから、うちに来るか」と言って、泊まるところを用意してくれました。初めての自立生活です。

終電から始発までの4時間働きます。僕の仕事は、駅の床面に使うレンガを運ぶことでした。レンガの重さは1枚10キロほどで、それを一度に2、3枚重ねて運びます。大学生アルバイトに交じって、毎晩、工事現場に行きました。子どもが真夜中に働くなんて違法ですが、まあ寛容な時代だったんです。

とはいえ、いつも真面目に働いていたわけではありません。当時の僕は、身長165センチ、42キロのガリガリ体型。ほとんど戦力になりません。「レンガを運ぶぞ!」と声がかかると、近くのコンビニに走って逃げていました。

サボっていても怒られなかったのは、親方が僕を息子のように可愛がってくれていたからです。しばらくして昼間も工事の仕事をするようになりましたが、実際は親方にくっついて競艇場に行ったり、車の中で待っていたり。気ままな暮らしでした。

それでも、昼の日当が1万2000円、夜の日当が1万5000円、お小遣いが1万円、銭湯代と食費で毎日３０００円をもらって、全部合わせた初任給は45万円になりました。今では信じられませんが、バブル時代の好景気は、それほどまでに多くの人の財布を潤していました。その後、僕はこの月収を超えるのに何年かかったことか（笑）。

そんな暮らしを始めて2カ月後。

朝8時に現場に行かなくてはいけないというのに、寝坊して仕事をすっぽかしてしまいました。親方は「明日はちゃんと行けよ」と言ってくれました。でも、僕はその翌日もまた寝坊してしまい、現場には行きませんでした。

子どもながらに、仕事を2日連続ですっぽかすのはまずいと思い、夜逃げを敢行しました。親方にお別れのあいさつをしなかったのが、いまでも心残りです。

逃走劇の終わり

僕はまた無職になってしまいました。

しかし、運よく、同じ工事現場で働いていた知り合いの紹介で、新聞の勧誘と古紙回収の仕事をもらうことができました。東京都江戸川区から埼玉県越谷市ぐらいまでのエリアで、「新聞を取ってください」と言って、家を訪ね歩く仕事です。

昼の12時ごろに相乗りの車で現場に到着します。ところが、誰も仕事を始めようとしません。不思議に思って先輩に聞いたら、「昼間に訪ねても、仕事などで留守にしている家が多いからね」と答えが返ってきました。

そう言って、先輩たちはパチンコ店へ行きました。子どもの僕はついていけないので、車の中でマンガを読んだり、昼寝をしたりして時間をつぶしました。

仕事を始めるのは夕方4時ごろです。3時間くらい回ったら、それで仕事はおしまい。1件あたり、契約期間1カ月で1500円、3カ月で3000円、6カ月で6000円をもらえました。給料はさほど高くありませんでしたが、住む家や朝昼晩の三食を用意してくれたので、生活するには困りませんでした。

そこでも僕は周りに親切にしてもらっていました。アパートに入居する時、仕事の仲間たちがトラックを用意して荷物を運んでくれたり、家具を揃えるのを手伝ってくれたりして、何かと世話を焼いてくれたんです。家出少年の僕に、みんなが優しく接してくれていました。

そうしているうちに、あっという間に秋は終わり、気づけば年末になっていました。

正月休みに、松戸にある先輩の家に行って、友達と遊んでいたら楽しくなってしまい、休みが明けても新聞勧誘の仕事には戻りませんでした。自分で言うのもなんですが、本当に駄目なやつです。当時の僕には責任感というものがまったくありませんでした。仕事を仕事だと認識していなかったんです。

そのころ、本音ではそろそろ家に帰りたいな、と思っていました。でも、どんな顔をして家に戻ったらいいのか分からない。そこで、友達に相談しにいこうと思いました。1989年3月のことです。

夜、友達の家に向かっている途中で、警察官に職務質問されました。答えにまごついていたら、警察署に連れていかれました。

このとき、約半年に及ぶ僕の逃走劇は終わりました。取り調べをした警察官に「捕まってほっとした」と話したことを覚えています。

母が警察署までタクシーで迎えに来ました。僕の顔を見るなり泣きだしました。

母は、父に言いつけると言った自分を責めて、ずっと後悔していたようです。周りの友達にも「あんなに良いお母さんを泣かせるなんて、お前は馬鹿だ」とさんざん叱られました。親不孝者です。

タクシーで家に帰る30分間、車内で僕と母は無言でした。家に着いたのは夜中で、店は閉まっていました。

父に会ったのは翌朝です。

母の死で父を意識する

家には戻りましたが、高校は中退しました。家の仕事を手伝うことはありましたが、遊び歩く癖は直っておらず、相変わらずフラフラとした生活を送っていました。

19歳になり、周りが大学に行く年になって、僕は定時制高校に入りました。母がとても喜んでくれたのをはっきりと覚えています。

そんな時、母が乳がんになりました。

最初はがんの一部だけの摘出で済みましたが、その後、全摘出の手術を受けました。もうこれで大丈夫だと僕は安心していました。

しかし、それで終わりではありませんでした。

ある朝、どんなに遅くても午前10時には店に下りてくる母が起きてきませんでした。僕は心配になって寝室をのぞくと、母は寝ていました。声をかけましたが、ぐったりとして動かない。慌てて母を車に乗せて、病院に運びました。

後から聞いた話ですが、母は店の仕事が忙しくて、全摘手術後はほとんど病院に行っていなかったようです。母は我慢強い人で、弱音を吐いたりしなかった。でも、その時にはすでにがんが全身に転移していました。

僕はそんなに深刻な病状になっているとも知らず、母を病院に運んだ後も、少し入院すればまた元気になると、能天気に考えていました。

友人と遊んで、翌朝8時に家に帰ると、父がひとりでソファに座っていました。

「健作、いまお母さんがどういう状況か知ってるか」

父は憔悴《しょうすい》しきっていました。

母が危険な状態だと、病院から呼び出しの電話を受けた直後でした。

急いで病院に行き、親戚を呼び集めました。夕方4時ごろ、ピーッという音とともに心拍数がゼロになりました。ステーキ屋で一生懸命に働いてきた母は、家族に看取られながら息を引き取りました。

くしくも、その日は1992年2月9日。〝肉の日〟でした。

母が亡くなって、僕はしばらくの間、涙一滴流す余裕もありませんでした。淡々と葬式の準備をしながら、大人のように振る舞うのが精一杯でした。

母はいつも「健作は何も心配することはないよ。自分の好きなことをやりなさい」と言ってくれていました。

だから僕は、家業を継ぐことを意識したことはありませんでした。

でも、それまで一番の味方でいてくれた母を失ったのです。

この時から漠然と、「ああ、これからは父と正面から向き合っていかなければならないんだな」と思い始めました。

［第2章］

改心

1993　静岡のレストランチェーン「さわやか」に入社

1994　会社が「ペッパーランチ」事業をスタート

1999　ペッパーフードサービスに入社。歌舞伎町店店長などに

ある夜の出来事で分かった父のリアル

父と向き合うためには、このままではいけない。そう焦り始めたのは20歳のころです。高校を中退してから、今度こそはちゃんとしようと19歳で定時制高校に通い始めたにもかかわらず、期末試験の補習を受けずに2年生をダブって中退したタイミングとも重なりました。このままじゃろくな人間にならない。そう思いながらも、父と同じ会社で働く自分の姿を想像して、ちゅうちょしたり葛藤したりしながら、悶々とした日々を過ごしていました。

このころは、錦糸町のバーでアルバイトをしていました。店のスタッフはニックネームで呼ばれていて、オーナーが僕に付けた名前は「ビリー」でした。錦糸町界隈で一番有名だったステーキハウス「ビリー・ザ・キッド」が由来です。

「お前の家はステーキ屋だろ。だったら将来は、ビリー・ザ・キッドを超えるステーキ屋にならないとな」

僕はオーナーの言葉を半ば冗談として聞いていましたが、不思議なものですね、バーのお客さんたちにその話をするうちに、なんとなく「将来、ステーキ屋になる」というのが自分の夢のようになっていました。

それまでは、父との間に心の距離があり、父を責めるようなことを言いたくて仕方ない時期もありました。でも、母が亡くなり、周りの人から「お父さんの味方になってやれ」と言われて、気持ちがだんだんと父に寄り添えるようになっていたんだと思います。

その変化を自覚した出来事がありました。

父の店を手伝って、ごみを出しに外に出た夜のことです。

ふと見ると、うちの店で働いているパートの女性が立っていました。すると父の車がやってきて、その女性が助手席に乗り込んだのです。父もその女性も、僕が見ていたことには気づかず、車は走り去っていきました。

これはどういうことなのか――。

母が亡くなってから、たった4カ月しかたっていません。

僕は店に戻るとすぐに、父の右腕として長年働いている30代の男性に聞きました。彼はしばらく宙を仰いだ後、「お父さんも寂しいんだ。健作が味方になって、お父さんの一番の理解者になれよ」と言いました。

その言葉で悟りました。

祖母や姉なら、父が女性と交際していることに怒ったかもしれません。でも、僕にはその言葉がなぜか、自分の体の中にすっと入っていったんです。

厳しくて、怖くて、とてつもなく大きな存在だった父親も、弱さを持ったひとりの男であり、人間だったのか、と。それは僕が生まれて初めて見た父親のリアルな姿でした。

その後、父は家族にその女性を紹介し、僕はその女性を「お義母さん」と呼ぶようになりました。父と義母はいまも一緒に暮らしています。

「さわやか」で生まれ変わる

さて、自分はどうしたら変われるのだろうか。

当時の僕は、自分なりに真剣に考えていました。

自分はステーキ屋のボンボンで、地元にいれば親も仲間もいて、食うに困ることもなく、ラクに生活できてしまう。このまま恵まれた環境に浸っていてはいけない。自分で自分を追い込まなければ、何も変われない。

その時、父がかつて話していた「さわやか」のことを思い出しました。

静岡県内でチェーン展開する「げんこつハンバーグの炭焼きレストランさわやか」は、看板メニューのハンバーグが大人気で、県外からも多くのお客さんが訪れるほどの有名レストランチェーンです。当時は、創業者の富田重之さんを慕って、全国から飲食店の社長の子どもたちが勉強しに来ていました。

僕が「さわやか」に行って頑張れば、父も喜ぶ。自分が変わるラストチャンス。そう決意しました。成人式の年のゴールデンウィーク直前のことです。

「さわやかに行って、いろいろと教わりたい」と言うと、父は驚きつつも「そうか、そうか」とうれしそうに、富田さんに連絡を取ってくれました。

すぐに面接。話はトントン拍子に進み、数日後には静岡県袋井市のさわやか袋井本店で働き始めていました。

袋井本店に1年半、浜松市の浜松中田店（現在はイオンモール浜松市野店に移転）に2年、掛川本店に半年ほど勤めました。僕は掛川本店でホールからキッチン担当になり、最終的に主任に昇格しました。当時、浜松中田店と掛川本店は全店舗の中で1、2を争う忙しい店で、学びも多く、そういう場所に配属してもらえたことには感謝の思いしかありません。富田さん、本当にありがとうございました。

この間、僕は、創業者・富田さんの理念である「さわやかイズム」に大きなカルチャーショックを受けました。

従業員が生き生きと働き、お客様に最高のホスピタリティを提供する「さわやかイズム」。当たり前のことのようですが、幼少期から飲食店で働く人々を見てきた僕は、それがいかに難しいことであるかを痛感していたのです。

それまでの自分は、飲食業をただの働く手段だと考えていました。子どものころから従業員たちが仕事の愚痴や不満を言うのをよく耳にしていたせいか、飲食業で働く楽しさがあまりよく分からなかった。父が疑心暗鬼になって従業員を信頼できず、本音を言うことができなくなっていた時期も見ていました。

「ホスピタリティだなんて、何を言ってんだろう。きれいごとじゃないか」

そう冷めた目で見ていた僕は、「さわやか」の従業員たちと一緒に働くうちにどんどん感化されていきました。

例えば、「おはようございます」というところを、さわやかで働く人たちは「さわやかです」とあいさつします。浜松市内の居酒屋で飲んでいると、どこかから「さわやかです」という声が聞こえてくる。さわやかの従業員同士が会うと、店の中じゃないのに「さわやかです」とあいさつし合うんです。

それは、従業員一人ひとりが「さわやか」で働く自分に誇りを持ち、店に愛情を持っている証拠でした。休みの日でもみんなで集まり、自主的に勉強会を開いて、仕事について話し合うこともありました。

「理想の上司像」をつかむ

僕は仕事に対してどんどん勉強熱心になっていきました。「さわやか」のマニュアルを部屋に持って帰り、ノートに書き写して覚えることもしました。

お客様のため、という考え方を一番教えてくれたのは、パートやアルバイトの人たちです。入社直後の僕に対する研修も、指導してくれたのは店長ではなくパートリーダーでした。役職に関係なく、みんなが自主的に「どうしたらお客様のためになるか」を考えて行動する。責任感を持って働く人が集まる「さわやか」は本当に強い。

そう感じる毎日でした。

そう言えば、こんなことも思い出しました。

当時の店はまだ汲み取り式のトイレが多く、バキュームカーが来ていました。ある時、トイレが詰まって下水があふれかえってしまったことがありました。すると、店の現場指導に来ていた本社のスーパーバイザーがその状況を見るなり、ゴム手袋だけつけて、汚物を取り除き始めたのです。まだ下っ端だった僕は「自分がやります」と声をかけました。すると、その本社の人は「こういうのは上の人間がやる仕事だから」と言って、黙々と作業を続けたのです。

つらく厳しい仕事こそ、上の人間が率先してやる。

それがいまの僕が目指す、理想の上司像になりました。

「さわやか」での毎日は楽しく、本当に生き生きと働いていました。

そんな4年間の修業を終えて家に戻ると、自分が学んだこと、経験したこと、感動したことを伝えたくて、家族に休む間もなく話し続けました。それを父がうれしそうに聞いていたのが印象的でした。

僕の理念である「従業員の幸せなくして、お客様の幸せなし」は、「さわやか」で修業した、この時に生まれたものです。

お客様の幸せにつながるホスピタリティを提供するために、まずは従業員の人たちが楽しく働ける環境にしなければならない——。

その志を胸に、僕は１９９７年、父が経営する「ペッパーフードサービス」に入りました。

絶対に失敗すると言われていたが……

僕が「さわやか」で修業しているころ、父は１９９４年にペッパーランチ事業をスタートさせ、翌95年には社名を「ペッパーフードサービス」に変更し、株式会社になっていました。

「ペッパーランチ」は、父が「おいしいステーキをたくさんの人に食べていただく」ために、ステーキをファストフードとして提供することを思いついたのがきっかけで始まりました。

この構想を後押ししたのが、タイマー付き電磁調理器の導入です。

保温性を高めた鉄板と電磁調理器を組み合わせた特殊構造で、高度な調理技術がなくても、肉を鉄板に乗せるだけで誰でもおいしく焼くことができます。父が独自に開発し、後に特許を取得しました。

まだ電磁調理器を飲食店で使うことが一般的でない時代でしたが、父はこのアイディアを、コックの人手不足に悩んでいた時にひらめいたそうです。

鉄板に生肉を乗せてお客様が調理するスタイルのため、アルバイトでも対応することが可能になり、加熱時間を短縮して、お客様にスピード提供できるようになりました。かつてはガス火で鉄板を260度まで熱していた厨房の暑さは大変なものでしたが、火を使わないタイマー付き電磁調理器を導入したことで、厨房の環境は大幅に改善されました。

当時はステーキ店のフランチャイズなど前代未聞で、周りからは「絶対に失敗する」と言われていました。しかし、看板メニューの「ビーフペッパーライス」（牛肉とご飯を鉄板の上で焼き、ステーキソースで味付けしたもの）が大ヒットして、「ペッパーランチ」の店舗数は着実に増えていきました。

会社は年間売り上げ9億円を超える企業に成長し、業態もペッパーランチをはじめ、ステーキ店、とんかつ店など多岐にわたっていました。

ペッパーランチの成功に勢いづいた父は、矢継ぎ早に店舗数を増やしました。1年後には直営8店舗、フランチャイズ2店舗になっていました。

しかし、次第に業績は悪化していきました。

出店を急ぐあまり、立地環境を十分に調査しないまま店舗を決めてしまい、足を運びにくい店もありました。従業員の教育もおろそかになり、サービスの質が低下していったのです。当然、客足は遠のき、売り上げは落ちていきました。一時は倒産寸前まで追い込まれるほどでしたが、直営店を委託経営に切り替えたことなどで、なんとか売り上げを持ち直すことができました。

僕が会社に入った1997年は、ちょうどそのころでした。まだまだ会社の資金繰りが厳しく、業績も上向く兆しがありませんでした。

そこで父は予想外の行動に出ます。「会社が元気のない時こそ、元気になることをしなければならない」と、江東区東陽のホテルイースト21東京で創業28周年と社内決起大会を大々的に開催したのです。

この日ばかりは全店休業して、社員からアルバイト、関連企業の方々も招待しました。会社の業績が悪いことなどおくびにも出さず、会社の士気を高める会です。従業員たちは大喜びで、会は大成功に終わりました。

社内報が発行されたのもこの年からです。会社が大きくなるなかで、社長の思いを社員に伝えるのが狙いでした。父は「この社内報が書けなくなる時は、会社が倒産した時だ」と言って、一人で原稿を書き上げ、コピー機を回してつくっていました。父には社内報にかける熱意がありました。

その様子を間近に見ていた僕はいま、父の思いを引き継いで、社内報を書き続けています。

健作、また逃げる

会社ではそんなこともありましたが、僕の話に戻しましょう。
入社した僕は「ペッパーランチ」の浅草店に店長として配属されました。店では「社長の息子が来るらしい」といううわさでもちきりでした。自分はまだ25歳の若造です。ペッパーフードサービスでの実績もありません。一体どんなやつなのかと、従業員たちが好意的でないことは重々承知していました。

そこで僕は、とにかく素直で謙虚に、決して偉ぶることはせず、いつも「教えてください」という姿勢で周りに接するようにしました。キッチンもホールも、どんな仕事も率先してやっていました。

するとどうでしょう。だんだんと従業員たちの僕を見る目が変わっていきました。

特に学生アルバイトの2人は、きちんと僕の話に耳を傾けてくれるようになりました。僕が「さわやか」で学んだ理念や、会社に対する思いに共感してくれたのです。この2人はアルバイトから社員になり、いまでも一緒に働いてくれています。

当時の僕は、「さわやか」で働いたことで、ペッパーフードサービスを外側から客観的に見られるようになっていました。「さわやか」の従業員たちが前向きで、企業理念が隅々まで浸透している環境と、ペッパーフードサービスの現状との間に、大きなギャップを感じていました。それまでは父のやり方に疑問を抱くことすらありませんでしたが、会社がどんどん大きくなる過程で、僕の中で「より良い会社にしたい」という思いが強くなっていました。

入社して初めての大晦日に、会社の棚卸しがありました。僕は従業員たちの負担を減らそうと、原価率などを再計算して綿密な棚卸し表をつくりました。徹夜での仕事でした。それを父に見せると「言われてないことまでやらなくていい」と言われました。不服そうな口調で言われて、ものすごくショックでした。

父は自分のやり方に絶対の自信があります。だから、自分が言ったこと以上のことをされても喜びません。ワンマンな父にくじけた、最初の出来事でした。

その後、「ステーキくに」の新小岩店で半年間働き、1998年4月に新しくオープンした「ステーキくに」野田店の店長になりました。

以前の「ペッパーランチ」浅草店は学生アルバイトが多い店でしたが、今度の野田店の従業員たちはみんな自分より世代が上の人ばかりでした。しかも「どうせ二世なんでしょ」という目線で、まったくついてきてくれませんでした。マネジメントや店長業務がうまくいかず、孤立したまま、どうすることもできませんでした。

ここで、また僕の悪いクセが発動してしまいます。

突然、逃げてしまいました。2度目の家出です。

部屋に物を残したまま、こつぜんと姿を消しました。父や姉はかなり戸惑ったと後に聞きました。

僕は1年間、居酒屋で住み込みのアルバイトをしました。家族とは音信不通の日々を送りましたが、いつまでも逃げ回っていては駄目だ、そう覚悟を決めて、1999年にペッパーフードサービスに戻って入社しました。

これ以降、僕は逃げることをやめました。

がむしゃら@新宿・歌舞伎町

再び会社に戻りましたが、当然、出戻りの社長の息子に周りの目は冷たいですよね。視線を肌でビンビンと感じるほどでした。失った信頼を回復するには、誰よりも仕事をしっかりやる以外、僕にできることはありません。会社で長年働いてくれている先輩からは「今度こそしっかりして、お父さんを助けないといけないよ」と何度も言われました。

二世だからじゃなく、本気で会社を継ぐ気持ちで臨もうと心を入れ替えました。

父は「とにかく仕事をしっかり真面目にやりなさい」としか言いませんでしたが、オープンしたばかりの「ペッパーランチ」歌舞伎町店の店長に抜擢してくれました。僕は、父からの大きな期待を感じて、なんとかそれに報いるため、がむしゃらに働きました。

歌舞伎町店はそれまでのペッパーランチの店舗とはまったく違う、都心の一等立地でした。西武新宿駅の真正面。現在は、ホテル、映画館、劇場などが入り、新宿のエンターテインメントの中心として東急歌舞伎町タワーが建っている場所（タワーの前の広場はいまトー横と呼ばれていますね）です。そこに、当時はグリーンプラザ新宿というビルが建っていました。カプセルホテルやサウナが入った施設です。そのビルの1階で、12坪くらいのウナギの寝床のような店舗でした。

歌舞伎町で働く人たちに合わせて深夜2時までの営業です。僕は朝5時の始発電車に乗って帰り、少し寝て、朝10時には出勤するという毎日を送っていました。

とにかく無我夢中で働きました。わずか10席しかない店でしたが、歌舞伎町店は全店舗でトップの売り上げをたたき出すようになりました。

そんな時、「歌舞伎町のペッパーランチが大繁盛している」という情報を聞きつけた見学者がやってきました。ＪＲ東日本のレストラン事業部門の会社（現・ＪＲ東日本クロスステーション）の人たちでした。

この出来事が後に、ペッパーランチの大転換点になるとは、当時の僕は思ってもみませんでした。

［第3章］

後悔

2002 スーパーバイザー（新店舗オープンのサポート）に就任

2003 営業本部長に就任

会社はフードコート1号店と海外1号店をオープン

2005 取締役に就任

2006 会社は東証マザーズに上場

2007 父と営業上の意見が合わず、開発本部長に異動

大阪・心斎橋で凶悪事件が発生。謝罪会見に出席

2008 精神状態を悪くして、1カ月休職

新規オープンの店を渡り歩く

ＪＲ東日本のレストラン事業部門の会社（当時・日本レストランエンタプライズ、現・ＪＲ東日本クロスステーション、以降は「ＪＲ東日本」と記します）はフランチャイズ事業としての「ペッパーランチ」に目をつけていました。タイマー付き電磁調理器でお客様自身が調理するというシステムに魅力を感じていたようです。

２０００年5月にＪＲ東日本とフランチャイズ加盟契約を締結しました。ペッパーフードサービスにとって、初めての法人契約でした。

それまでのフランチャイズ契約は個人事業の社長さんたちが相手でした。フランチャイズ１号店を出店する際は、父が一晩かけてワープロでマニュアルなどを書いたのですが、その後もずっとその書類を使い続けていたのです。マニュアルや契約書の整備が足りていない状況は、改善しないままでした。

大企業との法人契約にあたって、「さすがにこれではまずい」ということになり、社内のフランチャイズ事業の体制を見直し、土台からしっかりと整えることになりました。

2000年9月、JR渋谷駅の高架下に、JR東日本のフランチャイズ1号店となるペッパーランチ渋谷駅前店がオープンしました。25坪21席という店舗規模でしたが、なにせ目立つ場所です。客足は途切れることがなく、1日40万円以上を売り上げていました。

こうした繁盛ぶりが注目され、渋谷駅前店にマスメディアの取材が来るほどでした。「ペッパーランチ」の名前が全国に広がると、「ペッパーランチ」のフランチャイズに加盟したいという企業が殺到するようになりました。

そのころ、僕はフランチャイズ事業にはあまり関係していませんでした。何をしていたかというと、様々な新規店舗のオープン時の店長です。歌舞伎町店でがむしゃらに働いた実績が認められたのです。

この時、僕の人生を左右する、大きな出来事がありました。

渋谷駅前店がオープンする1カ月前、新規開店する笹塚店（東京都渋谷区）で、開店準備に追われていた時のことです。オープン日は8月15日、お盆休みの真っただ中でした。アルバイトが一人も集まらず、僕は焦っていました。そこに、求人チラシを見た一人の女性が面接に来てくれたのです。

まさに天の助けだと思いました。

オープン日は、そのアルバイト女性と社員数人でなんとか乗り切ることができました。後にその女性は、僕の妻になりました。

無事に笹塚店を開店した2カ月後の10月、今度は元住吉店（神奈川県川崎市）のオープン店長を務めました。どちらの店も、忙しい時には1日50万円を売り上げていました。

ペッパーランチ各店舗の売り上げ平均はそれまで、月額300万～400万円ほどでした。そこから一気に、歌舞伎町店が500万円台、笹塚店と元住吉店が700万～800万円台と急成長していったのです。

売り上げが伸びた一番の要因は、良い立地に店舗を出せるようになったことだと思います。それまでの「ペッパーランチ」は、メイン通りではない二等、三等立地に出店することがほとんどでした。メイン通りを一本奥に入って左に曲がったところ、そんなイメージです。

それが、歌舞伎町店以降は、渋谷などの繁華街や、笹塚や元住吉の人通りの多いエリアなどの〝一等立地〟に出店するようになりました。このことが要因になって、ワンランク上のチェーン店に成長したのです。

2001年4月、ペッパーフードサービスは、日本フランチャイズチェーン協会に加盟し、正会員になりました。これにより、社会的な信用が高まったと思います。都内だけでなく、地方のフランチャイズ店も増えていきました。

僕は新規オープンする、あちこちの店を渡り歩きながら、研修生の教育担当も兼任していました。２００2年にスーパーバイザーに昇格すると、スタッフの教育とサポート業務のため、全国のオープン店舗をさらに飛び回る日々が続きました。

フードコート進出

日本にはかつて、地域の商店街や中小の小売店を守るために大型ショッピングモールの建設を制限する「大規模小売店舗法（大店法）」という法律がありました。いまの30代以下の読者の皆さんはご存知ない方も多いかもしれません。

その大店法が２０００年に廃止されました。

大店法の廃止以降、郊外にたくさんの大型商業施設が誕生していきます。そのショッピングモールの目玉の一つが、さまざまな飲食店が並ぶフードコート。いつも買い物客でにぎわい、活気にあふれていました。

ペッパーフードサービスも2003年、さらなる事業拡大のため、「ペッパーランチ」のフードコート進出に乗り出しました。

とはいえ、「ペッパーランチ」は路面店の経験しかありません。フードコートに出店するためには何が必要で、何をしたらいいのか。

僕の新たな仕事は、そのノウハウを一から学ぶことでした。

僕は右も左も分からない状態なので、フードコート事業に詳しい社外の人に指導してもらうことになりました。

最初のうちは手探りでしたが、商業施設のルールやデベロッパーとの交渉などを進めるうちに、少しずつ仕事のやり方を習得していきました。

会社を大きくする過程で、その根幹になる業務を任せて覚えさせる。これは父の英才教育だと感じていました。僕に「後継者」としての自覚を持たせたかったのだと思います。

2003年3月、埼玉・川越のショッピングセンター・ウニクス南古谷に初のフードコート店をオープンしました。2003年は1年間で25店舗出店しましたが、そのうち、15店舗がフードコートでした。

その年、僕は営業本部長に就任しました。

「上場企業になる」

父が初めて「株式公開企業になるぞ！」と言ったのは、２０００年に開催した創業30周年の記念式典の壇上でした。その場にいた人たちはびっくりした顔で父を見ていました。経営はそんなに甘くないぞと、みんな内心思っていたに違いありません。

しかし、それから「ペッパーランチ」は急成長します。フードコートへの出店も追い風になりました。

２００１年のＢＳＥ（狂牛病）騒動を乗り越え、店舗数は２００４年に１００店、翌２００５年には１５０店を突破する快進撃を続けていきました。

上場するためには、内部統制や労働環境の改善、退職金の積み立て精算など、やることが山ほどありました。自分は営業本部長として、将来の事業計画などの資料をつくることに追われていました。

「会社が上場するなんて、どんな気分？」と聞かれることもありましたが、このころは正直あまり実感がありませんでした。会社が成長していくのは未知の世界で、ただただ、「何も考えずに進むしかない」という感覚しかなかったのです。しいて言えば、当時の名刺の裏面には店舗名を記載していたのですが、ついに名刺サイズでは店舗情報が入りきらなくなった時、「こんなに店舗が増えていたのか」と感慨深い気持ちになったのを覚えています。

とにかく、毎日の業務に追われ、目の前の仕事をこなすことに精一杯で、会社の成功を感じる暇もありませんでした。

僕は2005年、取締役に就任しました。ペッパーフードサービスは2006年9月21日に東京証券取引所のマザーズ（当時）に上場しました。

上場してから、周りの対応が大きく変わりました。

父が以前、「ペッパーランチ」をフランチャイズ化しようとした時に、「お客さんに生肉を出して調理させるなんて、絶対にうまくいくはずがない」と散々に言っていた人たちが、てのひらを返したように父をほめているのを目の当たりにしました。

会社が大きくなることは喜ばしいことです。

でも、そうした高揚感の裏で、徐々に社内体制が崩れていくこともあります。

父は会社を大きくするために、証券会社や他の外資系飲食チェーンから転職してきた人たちの意見を大事にするようになっていきました。それまで父の右腕として働いていた人たちを降格させ、新たにやってきた人たちを急に取締役に据えたのです。

それは僕自身に対しても同じでした。上場してしばらくたったころ、父は僕に言いました。

「俺は会社を大きくしたい。それなのに、お前は俺に反対する意見や疑問点ばかりを言ってくる。お前がいるとやりにくいんだよ」

会社のトップとして営業戦略を立てる父と、営業本部長の僕は、事あるごとに意見が対立しがちでした。

父は自分のアイディアを具現化するために突き進んでいくタイプです。一方の僕は、その戦略が会社のリスクになると判断した時は、止めに入るタイプです。僕は、従業員たちの盾になる気持ちで、意見を言ったり、疑問を呈したりしていました。

しかし、創業者でありカリスマ社長である父の判断に逆らえるはずもありません。僕は営業本部長を降りて、開発本部に行くことになりました。

心斎橋事件

2007年5月16日、衝撃的な事件が発覚します。当時、大阪・心斎橋にあった「ペッパーランチ」で起きた強盗強姦事件です。深夜1時ごろに来店した女性客1人を拉致監禁し、犯行に及びました。犯人は店長と店員の男性2人でした。

僕はそのころ、開発本部でフランチャイズのオーナーさんと契約したり、業務委託契約の面接をしたりしていました。

この心斎橋店の男性店長を面接したのは、僕でした。

「ペッパーランチ」の業態には、

・会社が直接運営する「直営店」
・会社のビジネスモデルを提供してロイヤルティーをもらう「フランチャイズ」
・店の設備やメンテナンスは会社で請け負う代わりに毎月の使用料をもらう「業務委託制度」

の3つのカテゴリーがあります。

事件を起こした店長はもともとペッパーフードサービスの社員で、直営店だった心斎橋店で店長をしていました。

僕が大阪の店長会議に出席した時、この店長から「心斎橋店を業務委託契約に変更したい」と申し出を受けました。

業務委託契約にすると、社員ではなく個人事業主になります。売り上げが増えれば自分の収入が多くなりますが、反対に売り上げが少なければ収入もマイナスになってしまいます。ハイリスク・ハイリターンと言えるかもしれません。とにもかくにも、本人のやる気が大切なのです。

後日、あらためて彼の面接を行いました。

彼が部屋に入ってきた瞬間、僕は直感的に思いました。

「あ、この人はやめた方がいいな」

なぜそう思ったのか。彼はスーツを着ているにもかかわらず、くるぶしソックスをはいていたんです。ただの服装の好みかもしれません。でも、なんとなく全体的にだらしのない印象がありました。

彼は面接中、事業にかける思いを口にせず、お金の話ばかりするんです。その点も気になりました。しかも、契約にあたって支度金を用意してもらうようお願いすると、そのお金は払えないということでした。話をしていて、「いざとなれば会社がどうにかしてくれるだろう」という彼の意識が透けて見えました。

僕はあらためて「この人にはやらせたくない」と思いました。ですが、会社は業務拡大に向けてまっしぐらの時です。結局のところ、彼の兄が保証人になるという条件で業務委託契約を結ぶことになりました。

その2カ月後に事件は起きました。

会社として重大な責任を感じました。そして僕個人も、この件については現在も、重い責任を感じ、彼と業務委託契約を結んだことを後悔しています。

謝罪、謝罪、謝罪。

事件後、謝罪会見を開きました。当時の本社（東京都墨田区向島3丁目）の近くに借りていた会議室です。取締役だった僕も末席に座りました。

こういう時、父は表立ってきちんと謝罪をする人です。情報はすべて、分かった段階でその都度公開していきました。

事件が起きた店はすぐに閉店しました。再発防止策をどうするのか。会社のガバナンスをどう強化するのか。そして何よりも、被害にあわれた方に会社としてどう対応するのか。弁護士の先生にアドバイスをいただきながら、連日検討を重ねました。

同時に父と僕は、取引先や商業施設などにおわびをしに行きました。フランチャイズのオーナーさんたちの怒りは大きいものでした。フランチャイズのオーナーの皆さんは、ご自身の人生をかけて営業しています。事件によって、「ペッパーランチ」のブランドを傷つけてしまったことをひたすら謝罪して回りました。

事件によって業績は落ち込みました。でも、ありがたいことに応援してくださる方々もいて、店舗によっては3カ月ほどで回復に向かっていきました。

しかし、業績がなかなか回復しない店舗もありました。フランチャイズのオーナーさんたちが「もともと売り上げが落ちていて苦しかったのに、事件のせいでさらに下がってしまった」などと言っているのを直接耳にして、本当に心苦しかったです。

中には、「賠償責任を取ってくれ」「閉店だ。もう自殺するしかない」などと話すオーナーさんもいらっしゃいました。きつい言葉に返す言葉もありませんでした。

従業員の皆さんにも申し訳ない思いでいっぱいでした。ペッパーフードサービスで働いていること自体が恥ずかしくて親にも友達にも言えないという状況になってしまっていたからです。

謝罪する日々は精神的に厳しいものでした。でも、上に立つ人間だからこそ、頭を下げる。「次の社長は自分だ」と思うからこそ、これは当然、自分がやるべきことだと思っていました。

そんな日々が半年以上、続きました。

そのせいでしょうか。２００８年に入って、僕は体調を崩しました。独りで部屋にこもって悩む時間が増えて、会社を1カ月休職させてもらうことにしました。

仕事に復帰してからは、開発本部長からシステム本部長に異動することになりました。ちょうど会社の経営情報を統括する基幹システムの入れ替えがあり、現場を知っている人間がいた方がいいだろうという父の判断でした。

実際は、「健作、少しゆっくりして心を戻せ」という配慮もあったと思います。

［第4章］

邂逅

2009 開発本部長に
佐波川サービスエリア店（山口県防府市）でO157食中毒が発生

2010 新メニュー「ワイルドステーキ」が大ヒット

2012 父と対立した管理本部長に代わり、管理本部長に

2013 パンケーキなどの新業態店を次々開店

O157食中毒事件

O《オー》157（腸管出血性大腸菌）が日本で大きな問題となったのは1996年でした。大阪府堺市で9000人以上の児童らが集団食中毒を起こし、大問題になったのを覚えている方は多いと思います。

それからしばらくは大問題にはなっていませんでしたが、再びO157による食中毒がニュースになります。

2009年9月、山口県の山陽自動車道・佐波川サービスエリアにある「ペッパーランチ」で、O157による食中毒患者が出ました。

僕は朝の通勤途中に、電話でその報告を受けました。厚生労働省が調査に乗り出し、最終的には全国の「ペッパーランチ」で30件以上の食中毒が確認されました。

O157が検出されたのは、人気メニューの一つだった「角切りステーキ」です。ミンチ状の肉を結着させた加工肉で、食肉加工会社から仕入れたものを使っていました。調査してみると、「ペッパーランチ」の店舗で菌が付着したわけではなく、もともとの原料に菌が存在していたことが分かりました。

それでも、「うちのせいではない」と強弁はできませんでした。なぜなら、「ペッパーランチ」は「お客様自身で肉を焼く」というシステムです。肉をよく焼いて中まで火を通せば菌は死滅しますが、お客様が生焼けの状態で食べてしまうリスクがあったことは認めざるを得ませんでした。

父は陣頭指揮を執り、全国におわびに回りました。一方で、再び開発本部に戻っていた僕は、デベロッパーやフランチャイズ関係者などへの説明に奔走しました。

「角切りステーキ」のメニューは廃止。食中毒対策として、お客様に肉をよく焼いていただくためのオペレーションを徹底し、鉄板温度や肉の厚さを工夫して生焼けになる心配をなくしました。

できる限りの企業努力をして、なんとか「ペッパーランチ」は営業を続けることができることになりました。

しかし、それは既存店だけのことでした。

このころ、大型商業施設のフードコートへの新規出店計画は、10店ほどありましたが、すべて中止になりました。商業施設側としては、「ペッパーランチ」の先行きが見えないのに、このままリスクのあるブランドを出店させることはできないので、出て行ってほしい、という判断でした。

商業施設の皆さんからは「ペッパーランチブランドはやめてくれ」「ペッパーランチとの再契約はない」そんな声も相次いで聞こえてきました。

商業施設の定期借家契約は、多くが6年契約です。前にお話ししたように、「ペッパーランチ」は２００３年からフードコートに進出して店舗を拡大したため、ちょうど6年の２００９年に、物件の更新日がどっと押し寄せていたのです。ほとんどの再契約を断られ、店舗数は減っていきました。

Ｏ１５７食中毒事件で売り上げは激減しました。さらに店舗数が減っていったので、会社の資金繰りは大ピンチです。

とうとう監査法人から、財務諸表に「ＧＣ注記」※をつけるよう言われてしまいました。

ＧＣ注記がつくということは、「この会社は継続的に経営ができるか疑問である」と烙印を押されてしまうことを意味します。ＧＣ注記がついた会社にお金を貸してくれる銀行はありません。

※ＧＣ注記＝ゴーイング・コンサーン注記のこと。企業は将来にわたって事業活動を継続することを前提に財務諸表をつくっている。しかし、経営サイドと監査法人が、その企業が事業活動の継続にあたって極めて高いリスクを抱え、解決するメドが立っていない状態だと判断した場合は、財務諸表にＧＣ注記を書くことが定められている。

牛肉の取引先からも「今後は掛け払いではなく、現金取引だけにしてほしい」と言われてしまいました。私たちが倒産したら、売った商品のお金が回収できなくなることを恐れたのでしょう。

店は全国にありますから、牛肉の購入費だけで月に数億円単位の取引です。しかしこの時、会社が動かせるキャッシュフローはほとんどありませんでした。Ｏ１５７の影響で売り上げが落ちた加盟店に、売り上げ保証金として計5億円ほど支払った後だったのです。

僕はキャッシュをつくるために奔走しました。支払いを待ってもらうために、店舗の土地オーナーにお願いにも回りました。会社が持っている不動産など、あらゆる資産を担保にしました。以前のように「掛け売りでいい」と言ってくれる取引先や、父に融資をしてくださる方などがいたおかげで、なんとか持ちこたえることができました。

父と経営陣の対立

大ピンチを救ったのは、やはりカリスマ経営者である父・邦夫でした。

経営を立て直すために策を練っていた父は2010年7月、新商品を発表します。これが大ヒットしました。商品名は、「ワイルドステーキ」です。

当時はまだあまり流通していなかった肩ロース肉を使った商品です。300グラムのステーキが1000円。限界までコストカットした結果、破格の値段での提供となりました。

これがお客様に大好評となり、O157で落ち込んだ売り上げが上向き始めました。皮肉なことに、「ペッパーランチ」の店舗数が減って、会社がスリムになっていたことも、会社の経営状況を改善させる要因でした。

しかし、試練が待ち受けていました。

社内では社長である父と、経営陣との対立が激しくなっていったのです。

父はすべてを自分がハンドリングしたい人です。分かりやすく言うと、「経営の立て直しは俺に任せて、お前たちはちょっと黙っていろ」というところがあって、会社の中心的存在である、営業本部長や管理本部長たちとよく意見が対立していました。

僕は双方の話を聞いていましたが、どちらも正論なんです。ただ、やり方が違うだけだと思っていました。

意見が違うことに関して、僕は良いこと、歓迎すべきことだと考えています。議論を重ねることでより良い解決策が見つかると思うからです。

でも、会社の方針として決定した営業上の重要事項については、いつまでも異論を唱えていては前に進みません。ところが、社内では、社長の判断に疑問の声が高まり、会社の方針を一本化できない状況に陥っていました。

社長と経営陣の溝はどんどん深まるばかりでした。

結局、営業本部長が責任を取るかたちで辞任し、しばらくは父が営業本部長を兼任することになりました。

ところが、事態はこれでは収まりませんでした。営業本部長に続いて、2011年末に管理本部長も辞めることになったのです。

管理本部は会社のお金を守る中心的な存在です。ただでさえGC注記がついて、経営が苦しい時でしたから、父がどんなに「これがやりたい」と言っても、管理本部の立場のほうが強くなっていました。

どんどん前に進みたがる父にはそうしたジレンマがありました。

未経験の管理本部長

当時の管理本部内の多くは、父にブレーキをかける役割を果たしていた管理本部長を慕っていました。そのため、管理本部長の辞任を聞いた部下たちは大反発しました。本部長の後を追って退職したいと言う人もいたくらいです。

空いてしまった管理本部長のポストを誰が埋めるのか――。

また社外から人を連れてきても同じことになってしまいます。さて、どうするかという時に、父が言いました。

「健作、お前がやってくれ」

「僕ですか……。経理なんて一回もやったことないですよ」

「勉強しろ」

「……わかりました」

経理未経験の管理本部長。しかも、対立していた社長の息子です。管理本部では、みんなが冷ややかな視線を投げてきます。誰にも歓迎されることはありませんでした。

その時、僕は気づいたのです。

「これは、浅草店の時と同じだ」

僕がペッパーフードサービスに入って、初めて配属された浅草店のことがフラッシュバックしました。当初は「社長の二世」として、相手にもされなかった。けれど、謙虚な姿勢で仕事をするうちに、だんだんと従業員との距離が縮まり、自分の理念に共感してくれるようになった。

もう一度、あの時のように頑張ってみよう。そう心に決めて、管理本部社員たちの役に立つ上司になるにはどうしたらいいか、必死に考えました。

僕は前管理本部長に頼み込み、しばらくの間、顧問として会社に残ってもらい、仕事を一から教えてもらいました。知らないことだらけでした。

でも、初心に帰ってまずは自分で調べてみよう。謙虚な姿勢で教えてもらおう。

そう思う毎日でした。

２年間で、会社のお金の流れについて理解しました。銀行関係や監査法人とのやり取りなども、すべて自分でできるようになりました。

この時、管理本部長をする経験がなかったら、いまの自分は社長として会社を立て直すことができなかったと思います。財務状況が見えていなければ、どんなに良いアイディアや営業戦略があっても会社を守ることはできません。

2012年、うれしい出来事がありました。

会社の経営が安定したと監査法人に認められ、GC注記をしなくてもいいということになったのです。こうした成果が評価されたせいか、僕に対する管理本部社員たちの視線もやわらぎ、着実に社内での信頼を得ているという実感がありました。

父が営業。自分は裏方としてお金の管理をする。という役割分担ができたことで、以前は対立しがちだった父との関係も良好になっていきました。

大復活した「ペッパーランチダイナー」

GC注記が外れたことで、また銀行からの借り入れができるようになりました。そのタイミングで、新しい物件を紹介されました。

ＪＲ上野駅前の商業ビル「西郷会館」が老朽化のため取り壊され、２０１２年9月15日に複合商業施設「ＵＥＮＯ３１５３（さいごうさん）」を新しくオープンするから、出店してはどうか、というお話でした。

上野公園の広場エレベーターで直結。西郷隆盛の銅像の真下という立地です。ビルの2階、76坪の物件の家賃は月３００万円、さらに出店資金として1億円の費用がかかります。会社の経営が安定してきたといっても、まだGC注記が取れてから数カ月しかたっていませんでした。普通ならあきらめるところです。

しかし、父は二つ返事で「やる!」と答えました。

父は19歳のころに、建て替え前のビルに入っていた「聚楽台」という大きなレストランで1年近く働いていました。そこはいわば、自分の原点となる場所だったのです。思い出の地で、「ペッパーランチ」の大復活を成し遂げたい!という父の意地。その気持ちを、僕もよく理解していました。

なぜなら、そのころになってもまだ、「ペッパーランチ」の新規出店は難しかったのです。商業施設のフードコートからは、依然として『「ペッパーランチ」の名前はやめて、他の業態に変えてほしい」と言われていました。父は悔しかったことでしょう。

窮地に立たされている時こそ、大きなことをして従業員の士気を高める。それが父の考えなのです。

僕は銀行に頼み込み、なんとか資金を集めました。そして、2012年9月の商業施設オープンと同時に「ペッパーランチダイナー」上野店が開店しました。

迷走したパンケーキ屋

それから約1年の間に、なんと6つの新業態を立ち上げました。

急に業績が上がったわけではなく、「ペッパーランチ」ブランドでの出店が難しいため、新しい業態に変えるという苦肉の策でした。

「92's（クニズ）」「東京634バーグ」「牛タン　仙台なとり」「アメリカンキッチン」「ムサシバーグ」「アラモアナカフェ（Ala Moana Cafe)」です。

ハンバーグ系のお店は、まあまあ、うまくいきました。しかし、「新しい業態なら定期借家契約を継続してもいい」という条件のためにつくった新しいブランドは、営業戦略やコンセプトの甘さが否めず、軒並み続きませんでした。

中でも、パンケーキ店の「アラモアナカフェ」には苦い思い出があります。

当時の本社があった本所吾妻橋（東京都墨田区）のビルの目の前に、ハワイの有名なパンケーキ屋がオープンしました。２０１０年ごろからパンケーキブームが到来し、海外の有名パンケーキ店が続々と日本に進出していたのです。

お店は大人気で、連日連夜、女性客たちが店の前に行列をつくっていました。父と僕は、向かいのオフィスの窓からその光景を眺めて、「パンケーキっていうのは売れるんだな」と興味津々でした。

ある日、そのパンケーキ屋は表参道に移転しました。その空きテナントを見た父は、「あの物件を買うぞ！」と言って、すぐに買い取り、２０１３年９月、本当にパンケーキ屋をオープンしてしまったのです。

初めのうちはお客様が来ました。でも、リピーターはいませんでした。

それもそのはず、お客様たちは大人気だったハワイのお店が移転したことに気づかず、同じお店だと思って来店していただけでした。

決してお客様をだましていたわけではありません。ですが、やはり味が違ったのでしょう。お客様のがっかり感が伝わってきます。すぐに口コミが広がって、あっという間に閉店になりました。

新業態にはオリジナリティがなくてはならない。誰かのマネはやっぱり駄目です。そんな苦い教訓を経て、父がまたしても、危機を救うアイディアをひらめきます。

お待たせしました。次章から、「いきなり!・ステーキ」物語が始まります。

［第5章］

心酔

2013　「いきなり！ステーキ」1号店、銀座でオープン

2014　「いきなり！ステーキ」30店舗に

2017　東証1部に上場

2018　「いきなり！ステーキ」200店舗に
日本外食チェーンとして初めて米ナスダック取引所に上場（翌19年に上場廃止）

2019　代表取締役副社長に就任

「いきなり！」を生んだ「俺の」

「いきなり！ステーキ」物語を始める前に一つだけお話ししたいことがあります。「いきなり！ステーキ」を生み出すきっかけとなる出来事についてです。

２０１０年のことです。当時はデフレが加速し、飲食業界は熾烈な低価格競争をしていました。

そのころ、近隣の牛丼チェーンが割引セールをすると、「ペッパーランチ」の売り上げが落ちるという現象が起こっていました。父は牛丼チェーンの割引セールに対抗するため、「ペッパーランチ」でも思い切った値下げ戦略に踏み切ることにしました。その名も「２９０作戦」です。

これは本来、ステーキとライスのセットを５８０円で提供していた「サービスステーキ」を、ステーキ単品２９０円で販売するというものでした。お気づきだとは思いますが、２９０円という価格設定は、「ニク」の語呂合わせです。

当時は牛丼１杯を３００円前後で食べられる時代でしたから、そのくらい思い切った値段でないと、お客様の目に留まらないと考えたのです。もちろん、利益をまったく考えなかったわけではありません。「サービスステーキ」の肉は110グラムと少量で、たいていの人はお腹いっぱいにはなりません。その結果、多くのお客様が190円のライスを追加注文するので、合わせて480円になるという算段です。デフレ経済下では、目玉となる激安商品につられて、結局はあれもこれもと追加して買ってしまう、といった商売の仕方が主流になっていました。

この「290作戦」は月に1週間程度、定期的に行われ、最初のころは大勢のお客様がいらっしゃいました。しかし、効果はすぐに薄れていきました。

もともと安いセット商品からライスを除いただけの〝見せかけのキャンペーン〟だったからです。どんなに安くても、「また食べたい！」という気持ちになっていただけるほど、お客様は甘くありません。

小手先でお得感を演出したとしても、根本的な魅力のない商品にはお客様はついてきません。父は、その事実を目の当たりにしたと言います。

そんな時、誰も見たことのなかったレストランが、颯爽と現れました。

2011年から次々にオープンした「俺のイタリアン」「俺のフレンチ」です。

前代未聞の〝立ち食いスタイル〟のイタリアンとフレンチは、瞬く間に大人気店になりました。まったく新しいレストラン形態をつくった坂本孝さんは、中古書籍チェーン「ブックオフ」の創業者です。父と坂本さんは、日本フランチャイズチェーン協会の活動を通じた知り合いでした。

当時、父は坂本さんから、詳しく話を聞いていました。

坂本さんは2007年に「ブックオフコーポレーション」の会長を辞任し、ハワイで暮らしていました。

そんな時、坂本さんに日本から国際電話がかかってきました。相手は、京セラの創業者、稲盛和夫さんでした。そして、「俺がこれからJALの経営再建をするというのに、まだ若い君が新しいビジネスを始めなくてどうするんだ」と言われたそうです。

稲盛さんは、2010年に経営破綻した日本航空（JAL）の再建のため、会長に就任していました。

坂本さんは、稲盛さんが創設した経営塾「盛和塾」の卒業生でした。大師匠からの突然の電話に驚きつつ、「これは何かしなければいけない」と気持ちを固めて、日本に帰国することになりました。

さあ何のビジネスを始めるか。普通なら、自分の得意分野で考えるところを、坂本さんは「どうせやるなら、自分が一番苦手な分野にチャレンジしよう」と、外食チェーンに決めたのです。外食業界の流行をリサーチしたら、２つのトレンドが見えてきました。

「三ツ星レストランが人気で、予約が取れない」

「新橋や有楽町の立ち飲み屋が、昼間から行列になっている」

これを融合させて、安く販売したらどうか——。これが「俺の」シリーズのアイディアの原点でした。

この話を聞いた父は、大いに触発されたようでした。

「いきなり！ステーキ」爆誕

父は坂本さんが始めたレストランを「これはステーキに向いている」と考えていました。というのも、じつは、父は「ペッパーランチ」を始める時、立ち食いスタイルにする予定で話を進めていたからです。結局は、近所に立ち食いの店があったのが理由で、ペッパーランチはテーブル席のレストランになりました。

しかし、1994年にペッパーランチ事業を始めてから約20年。原価率の高い商品を低価格で提供する。そして、お客様の回転率を上げることで利益を出せる、立ち食いというスタイルが、「おいしいステーキをたくさんの人に食べていただきたい」という自分の考えにピッタリ当てはまっている——。

父はあらためて、確信を抱いたようです。

高級ステーキはコース料理の最後に登場するものですよね。でも、前菜やスープを食べているうちに、メインディッシュが来るころにはお腹がいっぱいになっている……なんて経験、皆さんもありませんか？

お腹をすかせたお客様が、店に来てから、わずか5分程度で、〝いきなり〟高級ステーキを食べられる店。

「いきなり！ステーキ」の爆誕です。

1990年代後半から始まったデフレは、「俺の」シリーズが人気を博したころには、行き着くところまで達していました。2013年、日本銀行が大胆な金融緩和策に移行していきます。当時、飲食業界の低価格競争が続くなか、外食産業は消耗戦を繰り広げていました。

坂本さんに触発された父は、「鬱屈している飲食業界に、風穴を開けるような店をつくろう」

と意気込んでいました。

「絶対に譲れなかった」一つの条件

創業当時、「いきなり！ステーキ」の原価率は70％でした。父がつくった事業計画書を見た時、僕はこの数字に驚愕しました。原価率が高すぎて、利益がまったく出ないからです。

これはあまりにも価格破壊だ、と僕は言いました。

それでも父は、「安くておいしいものがあれば、お客様は必ず来てくださる。たくさんのお客様が来てくだされば、利益が出て、店は成り立つ」と言って、僕の忠告には一切、耳を貸しません。

父は発想と創造の人です。「これはいける」と確信すると、猛スピードで突き進んでいきます。その勢いは誰にも止められません。

そこで僕は言いました。

「わかりました。でも、一つだけお願いしたいことがあります」

「なんだ」

「絶対に、1号店は銀座に出店してください」

マクドナルド、スターバックスコーヒーなど大手飲食チェーンの1号店は、軒並み銀座です。銀座の一等地に立ち食いステーキ屋がオープンすれば、物珍しさで必ず話題になるはずです。

その時、父は吉祥寺にある「ペッパーランチ」を閉店して、「いきなり！ステーキ」の新店舗に改装するつもりでした。しかし、既存店のスクラップ&ビルドでは、お客様から「ペッパーランチの看板を下ろして、ちょっと内装を変えただけの店じゃないか」と言われかねません。

「俺のイタリアン」と「俺のフレンチ」の1号店はそれぞれ、新橋と銀座です。良い立地にあるからこそ、人が集まります。行列を見た人は、そこに何があるんだろうと思います。最初は人々の注目を集めて、口コミを広げることが大切なのです。いまで言えば、SNSマーケティングです。

だから、僕は、「いきなり！ステーキ」のブランド価値を高めるために、銀座で華々しくデビューさせるという条件だけは譲れませんでした。

父は、僕の提案に納得してくれました。

さっそく、銀座での物件探しを始めましたが、すぐには良い物件は見つかりませんでした。出店計画は長く止まったままの状態が続きました。

そうなると、イケイケドンドンな父は、じっと待っていることができません。

ある日、父が綺麗な女性2人を連れて僕の前に現れました。「物件を見つけた。ここで出店する」と言うのです。女性たちは不動産屋の営業社員でした。

父が持って来た書類を見ると、物件の所在地は、五反田（東京都品川区）で、さらに、ビルの5階でした。当然、僕は大反対です。

「絶対にやめてください」

「いや、ここに決める」

「お願いだから、やめてください」

こうした押し問答がしばらく続いた後、なんとか女性たちにはお引き取りいただくことにし、父を説き伏せました。

僕らも早く銀座の物件を探さないといけません。２０１３年10月ごろ、ようやく銀座４丁目の物件を見つけました。歌舞伎座の向かい側エリアの路面店です。

家賃は高かったのですが、すぐに契約しました。

１つ物件が出て安心していたら、すぐに、銀座6丁目で、借り主を探している物件があるという情報をキャッチしました。

僕は、銀座で2店舗が同時期にオープンするというのも話題になると考えました。父が反対するわけがありません。むしろ、二つ返事でOKです。

両方とも開店することに決め、準備を始めました。

2013年12月5日、ついに念願の「いきなり！ステーキ」1号店、銀座4丁目店がオープンしました。物件を契約後、3週間の突貫工事をして、いきなりの開店でした。

父がアイディアをひらめいた時から、半年が経過していました。

その1カ月後、2店舗目の銀座6丁目店を開店しました。

3店舗目は、くしくも失敗した「アラモアナカフェ」（東京都墨田区）の跡地で営業をスタートさせました。

「いきなり！ステーキ」は口コミやメディア取材で連日大にぎわい。ここから、破竹の勢いで、父の快進撃がスタートしました。

有言実行で出店ラッシュ

2014年、父が「今年は『いきなり！ステーキ』を30店舗にするぞ！」という号令をかけました。1店舗目の銀座4丁目店が営業スタートして、まだ1～2カ月というタイミングで、です。こうなると、父は立ち止まりません。店舗の拡大路線が始まりました。

そのころ、「ペッパーランチ」の店舗数のほうが多く、「いきなり！ステーキ」はまだ数店舗しかありません。しかし、父は爆発的大ヒットとなった「いきなり！ステーキ」を会社の主軸事業にしようと、新店舗の準備や求人募集に力を入れていきました。

社員も父の勢いについていこうと必死でした。社長の発言を実現するために、急ピッチで出店準備を進めていきました。全社員が一丸となっていました。

社員みんなの必死な思いが結実し、この年、目標の30店舗を達成しました。30店舗目がオープンしたのは、2014年12月30日。ギリギリの滑り込みでした。

しかし、その後、父の発言はエスカレートしていきました。

父が雑誌のインタビューやマスコミの取材で、勝手に「今年は○○店舗達成します！」「年間予算は○○です」とバンバン言ってしまうのです。

上場企業ですから、株主などに向けて今期の予算などは発表されています。この数字は監査法人の監査を受けながら、社内で精査して発表しているものです。

それでも父は、お構いなし。自らの発言で目標の数字を勝手に変えてしまうのです。

社員たちは何も聞かされていませんでした。社内は、雑誌やテレビで情報を知り、大慌てです。もちろん僕も知りませんでした。

僕は父に尋ねました。

「社長が勝手にマスコミに言った数字と、株主の皆さんに公表している数字と、どちらが大事なんですか?」

「俺が言ったほうに決まってるだろ」

「会社の経営や予算が全部変わってしまうんですよ」

「いいんだ。なにせ、成長しているんだから」

確かに、父の言う通りでもありました。会社の売り上げはうなぎ登りで、社員たちも「いきなり!ステーキ」の拡大に意欲的だったのです。社内はいまだかつてない活気に満ちあふれていました。

それに、社長の発言を取り消すことは簡単ではありません。株価にダイレクトに影響するため、一度発言した内容は、間違いとして一刻も早く取り消すか、その通りに実行するかの二者択一です。当時の社内には「社長の発言通りに実行する」以外の選択肢はありませんでした。

しかし、台所事情は大きく違いました。

新規開店には不動産の契約、従業員の賃金など、かなりのお金がかかります。店がオープンすれば利益が出てくるはずです。しかし、現実には店舗拡大のために前倒しで出費するお金（不動産の契約料や店舗準備の費用など）が莫大すぎて、もはや各店舗からの売り上げではまかなえない状態に陥っていました。

会社の財務諸表上は、銀行からの借入金で現金を持っているように見えていましたが、当期利益はほとんど積み上がっていませんでした。

当時の自己資本比率※は7～8％ほどしかありませんでした。これは、外食産業とはいえ、かなり低い数字でした。

※自己資本比率＝会社経営の安定性を表す数値。飲食・サービス業は他業種より低めだが、健全性の目安は30％台とされている。

急激な店舗拡大によって、心配なことがもう一つありました。

その心配事とは、ロードサイドへの出店です。２０１５年から大きな国道沿いなどに店舗を出し始めます。それまで路面店やフードコートなどに出店していましたが、社長が掲げた店舗数目標を達成するためには、路面店とフードコート以外にも出店しないと追いつかない。とにかく、ありとあらゆる物件情報をかき集めました。

出店の際、本来ならきちんとした家賃交渉をしなければいけないところを、交渉時間を短縮するために大家の言い値で契約する例が相次ぎました。高い家賃を支払わなければならないので、経営を圧迫していきます。また、店を出す物件を実際に見たり、精査したりせずに契約してしまい、「実際には人通りが少ない」などの理由で、思惑通りの売り上げが立たないロードサイド店もありました。これは後に大問題となって降りかかることになります……。

いずれも、出店を急いだことの弊害だと思います。

それでも、当時の社内の空気は変わらず、前進あるのみでした。

２０１６年８月に１００店舗を達成。新規出店のスピードはどんどん加速していきます。

２０１７年８月に東証１部に上場しました。社内ではストックオプション制度を導入したので、「自社株の値上がり分で車を買うことができた」と大盛り上がりする人もいました。

２０１８年２月には２００店舗を達成しました。１００店舗達成から、わずか1年半後のことです。

本音を言えば、みんな少なからず、「こんなに拡大していって大丈夫なのか」と不安になる瞬間はあったと思います。しかし、社内には、そんな不安をかき消すほどの熱気がありました。カリスマ社長である父のもとで、会社をどんどん大きくする。社長の夢は、みんなの夢になっていたのです。

うちの会社の強みは、社内全体が同じ方向に向いた時の団結力です。この時、大きな高揚感のなかで、誰もが目標に向けて邁進していました。

ニューヨーク進出、ナスダック上場

ついに、父は「いきなり！ステーキ」をニューヨークに出店すると言い出しました。そのうえ、米ナスダック取引所に上場すると言うのです。さすがにこれについては、社内で賛否両論が渦巻きました。

僕自身も、アメリカで資金調達する必要性はないと思っていましたから、ナスダック取引所への上場には疑問がありました。

しかし、父は、〝成功の証〟として、アメリカへの進出を熱望していました。これには僕も、創業者の息子として、いかんともしがたい思いがありました。僕は、父に真正面から反対することはできませんでした。

カリスマ経営者の父は、自分の意見を否定されるのは嫌いです。だから、僕は父に意見を言うのではなく、決断の場面に遭遇したタイミングで、積極的に父に質問をするようにしました。すると、父は「健作に質問されると、自分の考えやアイディアがまとまるから助かる」と言って、二人でよく話をするようになりました。

このころの僕は、会社の将来や経営方針について、父の考え方を聞きたいと思うようになっていました。それは、社長と専務、父と子の立場として、これから会社をどうしていくべきなのかについて議論を交わす、僕にとって貴重な時間でした。

二人で話し合っている時、意見が分かれることもありました。でもそれは、親子ベースの会話中だけです。互いに理解し合ったら、意見が分かれた際の議論を思い出しながら、他の役員から反対意見が出た場合の想定問答をつくったり、経営会議や取締役会の前に、二人で答弁の練習を重ねたりしました。

取締役会で決議する場面では、役員たちの疑問や不安を解消するために、僕は父にあえて厳しい質問を投げかけることもありました。でも、それは前もって準備していたことです。

振り返ってみると、当時の僕はやはり、前に突き進む父の後押しをしたかったんだと思います。だから、取締役会で会社の重要な決断をする時には、父に賛成する側に立ち、計画を推進していきました。

こうして、２０１８年９月、株式会社ペッパーフードサービスは米ナスダック取引所に上場しました。日本の外食チェーンとしては史上初のことでした。

その数カ月後、父から「お前、副社長やってくれ」と言われました。

専務から副社長に昇格です。普通なら喜ぶべきところですよね。

でも、僕は〝副〟って付くのが嫌なんです。

「副社長って、なんだかなあ。ただの名誉職みたいで気が乗らないな……」

「じゃあ代表やればいいじゃん」

父はあっさり言いました。

２０１９年１月１日、僕は、あっさりと代表取締役副社長に決まりました。

父もこのころ、「どこかのタイミングで、息子に会社を引き継がなければいけない」という意識があったんだと思います。周りからも、そう言われていたようでした。

僕が「専務取締役」から「代表取締役副社長」になって、一番変わったのは、会社に対する責任感でした。社長と専務の時、父と僕はあくまでも上司と部下の関係でした。それが、〝代表取締役〟という、父と対等な立場になったのです。

会社を背負っていくために、父に対抗できるような代表論や社長論を確立しなければいけない――。

そうした意識が芽生え始めて、僕はようやく、目をつむっていた会社の危機と対峙することになっていきます。

【第6章】覚醒

2019
「いきなり！ステーキ」500店舗に
「いきなり！ステーキ」初めての閉店を決定（44店舗）
「いきなり！ステーキ」追加の閉店を決定（114店舗）

2020
金融機関から会社更生法の適用を打診される
ペッパーランチ事業を投資ファンドに売却

損益計算書の異変

２０１９年3月。代表取締役副社長になった僕は、社内の誰よりも先に損益計算書を確認する立場にいました。

その時、初めて数字の異変に気付きました。赤字店舗が急増して、業績が著しく悪化していたのです。

「いきなり！ステーキ」は２０１８年8月に３００店舗を達成しました。２００店舗を達成した半年後です。

僕が損益計算書の異変を感じた２０１９年3月には４００店舗目の出店を控えていました。しかし、各店舗の売り上げは目に見えて下がっています。特に、２０１７年と２０１８年に新規オープンした店舗の売り上げが駄目でした。

そのころ、父は店舗物件を探す時、グーグルアース（Google Earth）を使っていました。インターネットで衛星写真を見ながら、出店する場所を決めていたのです。

本来であれば、きちんと立地条件を定め、現地に足を運び、そのエリアを調査しなければいけません。しかし、店舗数アップを急ぐあまり、パソコンの画面の中だけで出店場所を即決していました。

そんなふうに出店を続けているうちに、同じエリアに「いきなり！ステーキ」が複数店舗できてしまうという状況になっていました。

渋谷や池袋では、１駅に４店舗も出店していました。同一エリア内の店舗同士が競合し、お客様を取り合う「カニバリゼーション」がかなりひんぱんに起こり始めたのです。

これが売り上げ減少の大きな原因でした。

僕は、同一エリア内に複数店舗があること自体については反対ではありません。１号店と２号店は同じ銀座でしたが、売り上げは良かった。同一エリアの複数店舗でも、立地条件や利用客の年齢層などをきっちりマーケティングしていれば、売り上げを伸ばせる場所もあったはずです。新規出店は、もっと慎重にすべきだったのです。

しかし、当時は、目標の店舗数に帳尻を合わせるために、年末の１カ月間で50店舗をオープンさせる年もありました。出店資金がどんどん出て行き、会社の資金繰りは悪化していきました。それでも父は、「１０００店舗にするぞ！」と、拡大路線を突き進みました。

社員たちは、財務諸表を細かく見ているわけではないので、資金繰りが厳しい状況にまだ気づいていません。

当期利益が減少しているとはいえ、2018年度末の営業利益は最高益を記録し、会社全体で見れば黒字だったからです。社員たちは、父の願いを達成するために前を向いていました。

そのころ、毎年約40人の新入社員を採用していました。人手不足を補うため、初任給を他社より高く設定したうえで、支度金も出すという羽振りの良さでした。

僕も正直に言えば、それまで何度も、頭の片隅で「あれ、おかしいぞ」と思うことがありました。でも、売上高や株価は絶好調。米ナスダック取引所にも上場し、会社の勢いが止まらない中で、だんだん感覚が麻痺していたんだと思います。

会社の勢いに歯止めをかけるようなことをしてはいけない、父を止めるなんて、悪でしかない、とさえ思っていました。

しかし、損益計算書の数字は嘘をつきません。2019年3月、僕はハッとしてつぶやきました。

「このままだと、会社が倒産してしまう」

その懸念を現実のものにしてはいけない。

なぜなら、それは僕の責任だからです。代表取締役であるにもかかわらず、父にストップをかけることができないなら、その責任は僕にあるのです。

拡大路線の終わり

損益計算書の異変に気づいた翌月の2019年4月、僕は社長室にいる父と2人きりでした。

僕は、書類に書かれた数字を指で示しながら、父に言いました。

「店舗の売り上げが以前に比べて落ちていますよね」

父は黙って聞いていました。

「福島県の郡山エリアには、直営2店舗とフランチャイズ1店舗があります。このままでいくと、フランチャイズ店が赤字になってしまいますよね」

僕はあえて、会社全体の財政状況ではなく、1店舗、1店舗の売り上げについて説明していきました。数字でしか事実を語れないと、僕が思っているからです。

「撤退しましょう」

僕は初めて、「撤退」という言葉を口にしました。父はうんうんとうなずき、素直に納得してくれている様子でした。しかし、父の答えは僕の予想を裏切りました。

「いまはまだ、やりきっていない」

さらに父の言葉は続きました。

「お客様にリピートしていただくために、営業施策として、できることがあるはずだ。まだまだ立て直せる」

しかし、財務面から見れば、いまの会社の状況を放置しておく余裕はありませんでした。会社の立て直しには、はっきりと優先順位をつけなければいけないと僕は考えていました。

2019年に父が掲げた店舗数目標は600でした。2019年だけで約200の新店舗をオープンする計算です。あえて僕は、すでに開店準備が進んでいる店舗を除いて、新規出店を中止することを父に提案しました。

その月(2019年4月)の取締役会で、下期(7~12月)に計画していた100店舗の出店中止を決定しました。

いきなり閉店

出店をやめただけで、すぐに会社の財務状況が良くなるはずはありません。

２０１９年の中間決算（同年1～6月）で、とうとう会社は赤字になりました。父の考えである「高い原価でもお客様が来てくれれば利益が出る」という薄利多売の経営方針は、お客様数が減っている時には成り立ちません。

店舗数の増加による家賃や、採用コスト、広告宣伝費など、トータルした出費はとんでもない金額になっていました。そこに利益の減少が重なっている状態だったのです。

会社の体制から是正していく必要がありました。

会社を立て直すには、出店をとりやめるだけでなく、もっと大きな決断が必要でした。

そこで僕が考えたのは、「いきなり！・ステーキ」の閉店です。

同一エリア内でカニバリゼーションを起こしていた不採算店を閉めることで、他の同一エリア店の売り上げが伸び、黒字になる店舗が増えるだろうと考えていました。

経営において、〝規模〟を取るか〝質〟を取るか、と聞かれたら、僕は圧倒的に〝質〟を取ります。僕が一番大事にしている指標は、従業員の給料や株主の配当を支払うための原資となる、当期利益です。

１０００店舗に増やすよりも、１００店舗を閉店して利益を上げた方がいい。父とは考え方が正反対なんです。

僕は「いきなり！ステーキ」の不採算店の中から、約100店舗に絞った「閉店候補リスト」を父に提出しました。

父はそれまで、自分の店を閉めることを嫌っていました。施設の老朽化や不動産契約の関係などで仕方ない場合を除いて、閉店の決断をしてこなかった人です。

父は「ここの店はもう少し、やりたいんだよね」などと、いろいろと理由をつけながら、次々とリストから外していきました。

結局、リストに残ったのは、44店舗でした。

2019年11月の取締役会で、44店舗の閉店が決議されました。

僕は、もっと多くの店を閉めるべきだと考えていました。しかし、父が言う「閉店させないために、もう一度頑張りたい」という気持ちも大切です。

そこで、父がリストから外した約60店舗を、「第1候補」と「第2候補」に分け、立て直しの期限を設けました。そして、期限までに立て直せなければ撤退することを父に提案しました。

父はその提案を承諾してくれました。僕は心底ほっとしました。

「社長の英断で、店舗の縮小が決まった。これで大丈夫だ」

この時、僕は会社を立て直せると、自信すら持っていたんです。

２０１９年12月、「いきなり!·ステーキ」は京都・法隆寺前店をオープンし、記念すべき５００店舗を達成しました。これを最後の開店とし、拡大計画に幕を下ろしました。

ハワイのホテルの最上階

さて、ここまで「いきなり!·ステーキ」の縮小計画についてお話ししてきました。ですが、じつはその裏で、正反対の計画が進んでいました。

大規模出店の計画です。

２０１９年の初め、ちょうど僕が損益計算書の数字に驚愕して、父に撤退を迫っていたころの話です。なんと、ハワイのホテルの最上階でレストランをやらないかという話が舞い込んできたのです。父と僕は、その話を聞いてびっくり仰天しました。

ハワイは日本人に人気のある観光地です。そのホテルは目の前にビーチが広がり、大型ショッピングモールと直結、という好立地が魅力です。

その店はシェフがお客様の目の前で肉を焼くような高級レストランを想定していました。お客様が昼のビーチや、夜のライトアップを眺めながら、おいしいステーキを召し上がっている光景が目に浮かんできました。

僕は、この夢のような計画を前にして、すっかりその気になっていました。父はもっと前のめりです。

ニューヨークに「いきなり!ステーキ」の店舗を出していたので、ハワイのホテルに高級レストランを出せば、相乗効果もあるはずだと踏んでいました。

すぐに銀行に行って、融資の契約を進めました。

振り返ってみると、つくづく自分も父の息子なんだなあ、と思ってしまいます。僕はもともと、根っからのお調子者。父子でハワイに夢を見ちゃったんですね。

しかし、この計画は白紙になります。理由は、あの空前絶後のパンデミックでした。

取引先からの「倒産宣告」

2020年になってすぐ、新型コロナウイルス感染症が広まり、世界中が大混乱していました。飲食店には自治体から休業要請が出されました。新型コロナがいつ収束するのか分からないまま、全店舗の営業がままならなくなりました。売り上げが入ってこなければ、金融機関に返すお金もありません。

再び監査法人から財務諸表にGC注記を付けるように言われてしまいました。

国や東京都からは支援金が出ましたが、500店舗もあっては、とてもお金が回りません。

この窮地を救ってくれたのは、前年に銀行から新店舗出店のために借り入れていたお金でした。皮肉にも、ホテルのレストラン事業買収が白紙になり、借り入れたお金だけが手元に残っていました。これがあったから、会社を倒産させずに済んだようなものです。

しかし、そのお金だけでは会社を存続させていくには不十分でした。新型コロナの勢いは増していき、まったく営業再開の見通しが立ちません。2020年4月、114店舗の閉店を発表しました。前年に取締役会で議決した44店舗に加えての「閉店」です。この時、ロックダウン中のニューヨーク店も撤退しました。

そこまでの決断をしましたが、新型コロナの感染拡大のなかで、先を見通せない日々が続きました。そんな折、取引先が僕のところに来て、こう言いました。

「一瀬さん、民事再生法か会社更生法の手続きを考えてみませんか」

この瞬間、ついに倒産の危機が現実味を増してきたのです。

目の前が真っ暗になりましたが、ここで立ち止まるわけにはいきません。僕は、会社更生法の手続きをする際に、事業継続を支援してくれるパートナーを探すことにしました。同業者や話を聞いてくれそうな企業に電話をかけました。僕が思いつく限りすべての会社です。でも、ほとんどが門前払いで、面談までいけばいい方でした。

知り合いの社長さんに連絡しても、「ああ、ついこの前、他の企業を買っちゃったばかりなんだよ。ごめんな」と断られました。

でも、そんな対応を受けた僕は「そんなものだろうな」と不思議なくらい冷静でした。パートナー探しを始めた時から、正直言うと「どこか見つかればラッキーだな」ぐらいの心境だったんです。

読者の皆さんのなかには『いきなり！ステーキ』には知名度があるから、事業を買いたいと言う会社があってもいいのでは？」と思う方がいらっしゃるかもしれません。

しかし、知名度の高さではカバーできないほど、この時の「いきなり！ステーキ」は条件が悪すぎました。毎月の赤字額は約8億円です。事業を引き継ごうと考える会社なら、調べればすぐにわかることなので、いったんは検討したとしても、すぐに手を引くでしょう。

その莫大な赤字の主な原因は、店の賃借料が高すぎたことです。特に、ロードサイド店舗が問題でした。

ロードサイド店舗は、場合によっては大家さんに建物を建ててもらいます。その場合、契約期間が他に比べて10～12年と長いんです。その間ずっと、賃料を支払い続けなければなりません。撤退しようにもできない。重荷になっていました。

さらにその家賃が実勢価格より高いのです。理由は第5章でも触れましたが、出店の際にきちんとした家賃交渉をせず、大家の言い値で契約していた物件が多かったからです。

会社更生法のパートナーは一向に見つかりません。

そのころ、銀行からの借入金はどんどん膨らんでいきました。

何がなんでも、絶対にお金をつくらなくてはならない――。

屋台骨を売却

僕は冷静に、「株式会社ペッパーフードサービス」の一番の資産を売ろうと考えました。一番の資産とは何か。それは、父が最初にフランチャイズ化し、全国展開するブランドに育てた「ペッパーランチ」事業でした。

「ペッパーランチ」の売り上げは好調でした。認知度もあります。資産として、十分な価値がある。「ペッパーランチ」だけなら欲しい企業はいるはずだ。僕は決心しました。

この時の僕は、父がつくった「ペッパーランチ」を売ることに対し、感慨にふける時間はありませんでした。むしろ、会社のピンチを迎えて、「やっと俺の出番が回ってきた」という感覚でした。僕は「ペッパーランチを売ろう」と父に進言しました。

父は「会社を存続させることが一番だ。財務を管理しているのは健作なんだから、お前の意見に従う。銀行とやり取りしてくれ」と承諾してくれました。

これまでは、父がフロントラインに立って、売り上げと利益の最大化を目指してガンガン進め、僕はその裏で会社の運営に専念していました。

しかし、会社の最大のピンチに直面して、父と僕の立場が逆転しました。今回は、父が僕のバックアップに回ることになったのです。

しかし、金融機関は「ペッパーランチ」を売ることに大反対でした。

貸付金を清算するにしても、事業を再生させるにしても、負債だらけの「いきなり!ステーキ」だけでは、マイナス評価になってパートナー会社（買い手）が現れないと考えたからです。価値のある「ペッパーランチ」と合わせなければ買い手は見つからない、「ペッパーランチ」を切り離すなんてありえない、とかなり怒られました。

さらに、金融機関からは、「ペッパーランチの売り値はせいぜい20億円」と言われていました。しかし、僕は最低でも60億円以上にはなると思っていました。なぜなら、「いきなり！ステーキ」ができる前の２０１２年ごろ、「ペッパーランチ」の事業規模は70億円ほどだったからです。海外を含め約５００店舗あり、フランチャイズ店舗が多い点も、新型コロナが落ち着けば収益が安定してくると読んでいました。

２０２０年６月に子会社「株式会社ＪＰ」を設立し、ペッパーランチ事業を承継しました。数社が「ペッパーランチ」の入札に手を上げ、結果的に「ペッパーランチ」は85億円で売却することができました。

銀行からは「本当に振り込まれるか分からない」などと言われていましたが、入金日に確認すると、口座にはきちんと85億円が振り込まれていました。安堵したのもつかの間、その半分のお金を、金融機関に返済しました。それでも、金融機関からの借金は、まだまだ莫大に残っていました。

２０２０年８月、「株式会社ＪＰ」の全株式を投資ファンドへ譲渡しました。「ペッパーランチ」は正式に、父と僕の手を離れたのです。

しかし、ここでも僕は感慨にふける時間はありませんでした。

ここから、会社を立て直すために、事業構造改革をより一層、推し進めようと考えていました。さらなる閉店計画の立案と、増えすぎた従業員の人員整理です。

２０１４年から始まった「いきなり！ステーキ」の拡大路線にともなって、当初は２００人だった従業員が、この時点で、約１０００人になっていました。

２００人の希望退職を募り、１８３人が退職しました。

［第7章］

別離

2022

父・邦夫が退任し、代表取締役社長に就任

唐揚げとカレー

2020年秋、「ペッパーランチ」を売ったお金で借金を半分返済したことで、会社の財政状況は最大のピンチをいったん脱出しました。

するとと、僕の予想していたことが起こりました。

「俺は、新しい事業をやりたい」

そう話す父に、僕はため息をつきました。

「何をやりたいんですか？」

「テイクアウトの唐揚げ屋をやる」

そのころ、ワイドショーなどで、空前の唐揚げブームの話題がよく取り上げられていました。コロナ禍で店内営業が難しい業種が一気に参入し、小規模なテイクアウト店をつくっていました。デリバリーサービスも急増していました。父はそんな光景を見て、自分にもできると思ったのでしょう。

しかし、僕は大反対です。

会社は、最大のピンチを脱したとはいえ、財務諸表にはまだGC注記がついたままで、多額の負債が残っていました。でも、僕が反対した理由は、単純にお金のことだけではありませんでした。

「唐揚げは、すでにどこの店もやっていますよ。あんなに『人をまねした店はやりたくない』と言っていたじゃないですか」

「いや、俺の味はまねできない」

「流行に乗って、勢いで出店すると失敗します。もっとよく考えないと……」

「俺が絶対に繁盛させるから、任せろ」

僕はいつも、父のアイディアをリスペクトしています。だからこそ、しっかりとブランディングして、きちんと定着できる事業にしたいのです。「いきなり！ステーキ」の1号店の場所を銀座にこだわったのは、その一例です。でも、父はそんなことを待っていられません。早くやりたくて仕方ないのです。

今度は、僕が折れました。でも、会社には立派な店舗を出せるような資金はありません。そこで、閉店した「ペッパーランチ」の居抜き店舗を使って、低コストで唐揚げ店を出すことになりました。

2021年1月、本社の近く（東京都墨田区）で「唐揚げくに」はオープンしました。ペラペラの内装で、形ばかりのテイクアウトコーナーがあるような店です。僕は「この店では、父が本来やりたかったことはできないだろうな」と思いました。

でも、黙っていました。

その半年後、「唐揚げくに」はあっという間に閉店しました。

さすがの父も、この惨憺《さんたん》たる結果に心折れているだろう——。僕はそう思っていました。

しかし、甘かったですね。

父はケロッとした顔で「やっぱりあそこじゃ、うまくいかねえよなあ」と言うんです。

これには僕も、カチンときました。父はしたいことができて満足かもしれませんが、振り回される会社のほうは大問題です。

「もう少し、我慢できないんですか？」

僕はつい、父に強く言ってしまいました。

父は「いやあ、やりたいと思ってさ……」と言いながら、少しバツが悪そうにしていました。

しかし——。

唐揚げ店の閉店から1年もたたないうちに、父は「良いアイディアがある!」と言って、僕に力説し始めました。

「お客様から、『いきなり!ステーキ』のカレーソースがおいしいから、専門店を出したらどうかって言われたんだよ!」

目を輝かせる父に対して、僕は「ああ、そうですか……」と脱力してしまいました。結果が目に見えていたからです。

僕はまた大反対しましたが……2022年4月、東京都墨田区で「ステーキ&カレー Wow!!」がオープンしました。父は「お客様が『ワオ!』と驚いて、感動するような店にするんだ!」と意気込んでいました。

しかし、今度は4カ月足らずで閉店しました。またもや予感は的中しました。唐揚げの時は半年でしたから、あっけない幕切れでした。

父は出店を決めるのが早いですが、それと同じくらい、閉店の決断も早かった。店が繁盛しないと、つまらなくなって放り投げてしまうのです。父にはそういう、子どものようなところがありました。

僕はモヤモヤと、そんな父の無邪気さに不安を募らせていました。

ワイルドステーキ、1000円

カレー店を閉めるとすぐに、父は「いきなり！ステーキ」の来客数を増やすため、キャンペーンをやろう、と言い出しました。2022年夏のことです。

父のアイディアは、人気メニューの「ワイルドステーキ」150グラムを、1000円で販売するというもので、「採算度外視。利益なし」という、まさに破格のキャンペーンでした。

父には、2010年に「ペッパーランチ」で、肩ロースステーキ300グラムを1000円で販売し、大ヒットさせた成功体験がありました。父の「おいしいものを安く食べてもらう。そうすればお客様が増える」という原点回帰の作戦でした。

しかし、この時の経済トレンドは、デフレからインフレへ転換しようとしていたタイミングでした。

2022年4月から消費者物価の上昇が始まり、原料代はどんどん高騰していました。肩ロース肉がかなり安い値段で流通していた2010年当時はデフレ局面でしたから、経済環境がまるで逆だったのです。

それまで低価格競争をしていた飲食業界も、この動きに連動して軒並み値上げにシフトチェンジしていました。父の営業方針である薄利多売の時代は、終わりを迎えていました。

それでも父は、アイディアを即座に実行に移しました。

２０２２年7月の1カ月間、「ワイルドステーキ」のキャンペーンが始まると、たくさんのお客様がいらっしゃいました。店は大忙しでした。

それが8月に入ってキャンペーンが終わると、客足がパタッと止まりました。以前の来客数に戻ってしまったのです。

8月の売り上げ減少について僕が質《ただ》すと、父は「1カ月しかキャンペーンをしなかったからだ。継続すれば来客数は増える」と答えました。

しかし、ここまで破格の割引価格で利益を出すということは、通常の2倍、いや3倍の来客数があって初めて成り立つことでした。お客様が1・5倍にしか増えなければ、赤字が増えるだけです。当時の会社はそんなリスクを負うことはできません。

僕は父に言いました。

「いまの会社には、このキャンペーンを続ける体力がありません。2カ月後、3カ月後には、確実に倒産してしまいます」

二人で議論を重ね、父は渋々、キャンペーンの継続をあきらめました。

父は「継続すれば結果が出たはずだ」と思っていたに違いありません。しかし僕は、会社の赤字体質を変えるには、新しいことをするよりも、既存店の見直しが優先だと主張し、納得してもらいました。

やりたいことが次々とあふれてくる父と、それを止めようとする僕の意見は度々ぶつかるようになっていました。

この時、僕は父に対抗する、経営者としての理念を確立していました。

それは、「従業員の幸せなくして、お客様の幸せなし」です。

若いころに修業した「さわやか」での経験を自分の体になじませて導き出した「解」です。やはり、僕にはこれしかないのです。

父は発想が豊かで、いつも大胆なアイディアを打ち出して、会社を大きく成長させてきました。失敗もありましたが、数々の成功がありました。僕はそんな父のカリスマ性にあこがれ、尊敬してきました。

しかし、父のように〝冒険心〟や〝やりたいこと〟だけで会社を動かすことはできません。なぜなら、僕には、従業員を守るという責務があったからです。

父は自分が楽しくなくなったら、すぐにやめる決断をする人です。父には「俺がつくった会社なんだから、社員も一蓮托生だろう」という感覚がありました。

株式会社ペッパーフードサービスにとって、父は絶対的な存在です。意見が異なったとしても、真正面から強く反対できる人はいません。だからこそ、このままではまた、父の拡大路線や薄利多売という方向に会社全体が流されてしまう。

会社が父と一緒に共倒れする未来が見えるようで、僕はそれがとても怖かった。

ずっとモヤモヤしていた気持ちに、僕の中で一つの結論が出ていました。

退任要求

2022年8月8日月曜日。

僕は朝から、父の仕事が一段落するタイミングを見計らっていました。社長室にいた父に声をかけたのは、午後3時ごろです。

「社長、少しお時間いただけますか」

父とともに社長室を出て、同じフロアにある経営戦略室に入りました。会議などで使う、広い部屋です。そこに、取締役の一人が現れました。僕があらかじめ話をして、同席してもらうよう頼んでいました。

大きな長方形の会議用テーブルの短辺、上席に父が座りました。僕とその取締役は、並んで父の斜め向かいに腰を下ろしました。

父はこの時、僕が何の話をするのか、まったく見当もついていなかったと思います。

僕は意を決して、口を開きました。

「社長、代表を降りてもらえないでしょうか」

父は最初、その意味をよく理解できていないようでした。「えっ」と驚いて、しばらく言葉を発しませんでした。

父もいつかは代替わりしなければいけないと考えていたはずです。

「じゃあ、俺は会長になるのか」

父は少し納得したように、言いました。

父は創業者なのですから、そう思うのが当然です。

でも、僕の答えは違いました。

「いいえ、会社に残ることはやめてください。顧問や名誉職も含めて、全部です。会社の経営と一切関わらないでください」

僕は、父に代表を降りてもらうことが目的ではなく、完全に会社組織からいなくなってもらいたい、ということを伝えました。

父はカリスマ性が強い。その存在そのものが巨大で、影響力は絶大です。父が「こうしたい！」と言えば、社内はそれは無理だと感じたとしても、なんとか実現しようと頑張ってしまいます。

父の存在は会社の成長力の源泉でした。

「いきなり！ステーキ」が拡大路線を突き進んだのも、社員がそうした父の引力に巻き込まれてしまったからとも言えます。会社の幹部を務めていた僕も同じです。結果として、父が存在することで、会社全体が制御不能に陥っていました。

さらに加えると、父の周りには、いつも〝ブレーン〟たちがついていました。どんなに無茶な施策も、ブレーンたちがエンジン役となって、父の意見を推し進めていました。

「社長がトップにいる限り、こうした社内の体制は変わらない。僕は、この会社の体質を一新させたい。きちんとした〝企業〟にしたいんです」

僕は、淡々と、理由を説明しました。

父は怒りませんでした。時折、噛みしめるようにうなずいて、僕の言葉を静かに聞いていました。

きっと、すごく寂しかったのだろうと思います。

でも、自分が会社に残ったら、経営に意見をして、社員の先頭に立とうとする性格であることを、本人も分かっていたはずです。

父は最後に、一言だけつぶやきました。

「本当に、全部降りなきゃ駄目なのか?」

この日を迎えるにあたって、僕は父に優しい言葉をかけたり、妥協点を探したりすることは絶対にしない。そう、事前に心を決めていました。

「はい。お願いします」

きっぱりと、言い切りました。

父は押し黙って、またしばらく考え込んでいました。

そうして、父の返事がないまま、3人で部屋を出ました。話し合いの時間は15分程度でした。

僕は、その時、父の答えは二つに一つだと思っていました。退任要求を受け入れるか、「健作、お前が会社を辞めろ」と僕に対してクビ宣告をするか、どちらかです。

このまま父が代表を続けると言うことも、僕は想定していました。そうなったら、取締役会で父の退任動議を出すつもりでした。

僕はそこまで腹をくくっていたのです。

この会社を守るために、自分は父と完全に決別しなくてはならない。だから、そのためにあらゆる手段を取るつもりでいました。

父の決断「健作のために……」

そして4日がたちました。

2022年8月12日金曜日。

午前11時から、臨時取締役会が始まりました。役員ら10人ほどが集まりました。中間決算の取締役会承認を終えて、そろそろ正午の休憩に入ろうかという時に、突然、父が手を挙げて発言しました。

「ちょっと皆さん、いいですか」

休憩しようと立ち上がりかけていた役員たちが、椅子に座り直しました。

「副社長である健作から、代表を退任してほしいと言われました。俺も、考えた――」

僕は、父の次の言葉を待っていました。

他の取締役も緊張しているのが、見て取れました。

そして父は言いました。

「会社の業績を悪化させた責任を取り、社長を辞任します」

役員たちは黙っていました。

その後、もう一度、臨時取締役会を開催しました。その際、一瀬健作を新社長とする動議が出され、全員一致で決議されました。

午後4時にリリースを発表し、午後5時のテレビニュースで「株式会社ペッパーフードサービス代表取締役社長・一瀬邦夫氏が辞任」の速報が流れました。

僕は、父に退任要求した時に、「社長がここでパッと退任するのが、一番かっこいい辞め方じゃないですか」と説得していました。

父としては、「健作のために、俺が会社に残らない選択をしたんだ」という気持ちで、勇退を決意してくれたのだと思います。

カリスマではなくても……

「こんなに容赦なく父親を会社から追い出しておいて、何を言うか」と思われるかもしれませんが、僕にも「父には酷なことをした」という思いがあります。

創業者である父から、全部を取り上げるなんて、本当にひどい息子です。

でも、会社を守ることのほうが何より大事でした。

僕が「従業員を幸せにする」という理念を抱えながら、いつまでも父の言いなりになっていては意味がありません。理念と現実のギャップを抱えたままでは、きっと自分の心も身体も耐えきれなくなっていたと思います。

どうしても、父に辞めてもらうしか方法がありませんでした。

僕は父のような〝カリスマ社長〟にはなれないと思います。あんなにすごい度胸はありません。でも、僕は父と違って、周りの人の話を聞いて、意見を受け入れることができます。

僕が社長に就任し、まず社員の皆さんに伝えたのは、「会社が正しい軌道に乗るために頑張る」という思いでした。

「いままでのようなトップダウンの経営体質を変え、従業員さんたちの意見を聞く、ボトムアップ型の経営方針にしていきます。そのためにも、皆さんの力を貸してください」

この考えに、社内は賛同してくれました。

僕の目指す、経営改革の第一歩が、ついに始まりました。

［第8章］

自立

2024

営業黒字を達成
金融機関からの融資を完済し、無借金経営に
新業態のすき焼き店「すきはな」1号店を東京・新橋にオープン

個人商店からの脱却

社長に就任してからの2年間、僕は「組織をつくる」ということに尽力してきました。

父がトップにいた時は、すべてのことが父の意向で決まっていました。どんな社員も、息子である僕ですら、父の最終的な判断に逆らうことは簡単ではありませんでした。

僕が16歳のころ、父に面と向かって反抗することができず、家から逃げ出してしまうほど、父は本当に怖い存在だった。

それは家族だけでなく、社員にとっても同じでした。

従業員はみんな、父の意見に従って動いていました。

株式会社ペッパーフードサービスは、父そのものでした。上場企業なので適切とはいえない表現ですが、〝一瀬邦夫の個人商店〟だったのです。

父の強いカリスマ性は、会社にとって宝であることは疑いようもありません。しかし一方で〝脅威〟になることもありました。

会社の進む道は、トップの経営方針によって大きく変わります。父のアイディアで大きく成長してきた会社が、いつからか、〝父のやりたいこと〟を実現させるための集団になってしまったのではないか。従業員は父の思いを実現するために身を削っていたのではないか。

そんな会社を、僕は変えたいと思いました。

そうです。僕が20代の時に「さわやか」で見た光景を、株式会社ペッパーフードサービスでつくり上げたいと思ったのです。

それは、従業員一人ひとりが〝会社のため〟を考えて、自主的に動く会社です。どうすれば「いきなり！ステーキ」をもっと多くのお客様に喜んでいただけるレストランにできるのか――。

その問いに対し、みんながそれぞれ考えて平等に意見を出し合ったうえで、答えを見つけられる環境をつくらなければならない。それが僕の役目だと言い聞かせました。

僕はまず、父のブレーンだった古参の役員たちに辞めてもらうことにしました。父に誠心誠意尽くしてきた功労者の方々ばかりです。断腸の思いでした。でも、根本的に会社の体質を変えるには必要でした。

次にしたことは、社員たちのアイディアを集めることでした。

父は次から次へとアイディアが出てきて、実行するのが追いつかないくらいでしたが、僕にそんな才能はありません。だから、社員たちに力を貸してもらおうとしたのです。

僕にとっては、社員や従業員たちのちょっとした発言も、大きな発見につながる重要なキーワードになります。小さな意見もすくい上げようと努めました。

すると、会社の雰囲気はガラッと変わっていきました。

会議で積極的に発言する人が増えたのです。いままでは「どうせ言っても変わらないだろう」とあきらめていた人たちが意見やアイディアを口にするようになりました。

「社員たちが、会社の成長を自分事としてとらえて、よく考えている」

僕は、着実に、健全な会社に近づいている、と実感していました。

そして、もう一つ、僕が実行すべきことがありました。

財務諸表から「GC注記」を取ることです。僕は、従業員たちが自信をもって働ける会社にしたかったのです。

そのためには、会社の一番のブランドである「いきなり!ステーキ」の赤字体質を改善し、一刻も早く、黒字化させなければいけない。そう考えていました。

2020年以降、採算が合わない計151店舗を閉店しました。逆に、利益の出ている店舗には投資し、売り上げの強化を図りました。

「いきなり！ステーキ」を愛するお客様のために、商品のクオリティを下げることはできませんが、全般的な物価高の影響で牛肉の価格はどんどん高騰し、従来の価格設定では限界を迎えていました。僕は社長就任後、値上げを3回行いました。２回目まで影響はありませんでしたが、3回目の値上げの時は、お客様の来店数が減りました。

それでも、僕は会社として、「成功の値上げ」だと思っています。うちはステーキというニッチな商売で、もともと大多数のお客様に来店していただくのが難しい業態なのですから、従来の薄利多売の理論では、この原料高の状況に対応できません。結果的に、営業利益は大きく改善しました。

これにより、２０２４年4月30日、借入金を全額返済することができました。そしてついに、２０２４年12月期の中間決算（２０２４年１～6月）で営業黒字を達成しました。

いきなり！やきにく

いつも銀行返済に追われていた会社が、無借金になりました。

僕はその時、ようやく企業としてのスタートラインに立てた気がしていました。事業の縮小だけでは、会社の成長はありません。会社の財務状況が安定したことで、社員みんながチャレンジできる基盤が整ったのです。

ここで、予想外の追い風が吹きました。

僕は「コロナ禍が収まればデリバリーの需要は減るだろう」と予想していました。コロナ禍で来店をためらうお客様はデリバリーしかありませんが、ステーキは鉄板で焼かれた熱々の状態で食べるのが醍醐味です。店に行けるようになったら、デリバリーは減るはずだと考えていました。

しかし、実際は、これまで来店したことのなかったお客様が、デリバリーのリピーターになる例が増えたのです。「いきなり!ステーキ」のデリバリー販売の売り上げは、コロナ禍を過ぎても落ちませんでした。

僕は驚きました。

「ステーキを立ち食いどころか、デリバリーで食べる時代になったんだな」

この機会を見逃すわけにはいきません。

2024年6月17日、宅配専門レストランを展開する会社とライセンス契約を結び、新しいデリバリー販売事業として、「いきなり!やきにく」の運営を始めました。

また、海外の既存店である台湾、フィリピンの売上高が好調を保っていることから、「いきなり！ステーキ」のアジア進出を進めています。新たにインドネシア法人とフランチャイズ加盟契約を締結しました。

2024年8月、会社の業績が安定したと認められ、監査法人から「GC注記」は必要ないと知らされました。社長就任以来の念願がかないました。

すき焼き肉と生卵と炊き立てご飯とソフトクリーム

僕は会社を立て直すために、社長になってからしばらくの間は事業の縮小に専念していました。でも、それは、安定した会社をつくるためではありません。〝新しいものを生み出せる会社〟をつくるためです。

それには、健全な財務状況と、従業員が安心して働ける職場環境が不可欠です。だから、僕は社長に就任して、ここまでストイックな経営方針を貫いてきたのです。

新たなものを生み出し、会社を成長させることは、経営者としての使命です。そのためには、「いきなり!ステーキ」だけに頼り切る〝一本足打法〟では駄目です。リスクヘッジするためにも、新業態の開発を同時進行しなければなりません。

と言っても、すぐには思いつきません。僕が考えるよりも、父のほうが面白いアイディアを出せたのではないか……。失敗のリスクを考えると、夜も眠れません。

それでも、前に進まなければいけない。社内からも、「社長、そろそろ新しいこと、やりましょう!」という声が大きくなっていたタイミングでした。

僕は焼き肉店に行くと、ザブトンなど脂が多い部位は、焼いて、溶いた生卵にくぐらせて、熱々のご飯と一緒に食べるのが大好きです。肉と卵の相性がたまりませんよね。

お酒もキムチも、他のものは一切いりません。

そこで思いつきました。「すき焼き屋」です。

野菜は一切ありません。

しらたきも、豆腐もありません。

ただ、すき焼きの肉と生卵と炊き立てご飯。

席はコの字型のカウンターで、１人席。ちょっと高級な寿司屋のイメージです。お客様の目の前には鉄板鍋。カウンター中央にいる調理スタッフがそれぞれの鍋で、長さ30センチほどの和牛の１枚肉（１２０グラム前後）を焼きます。１枚肉は半分にカットしてあるので、お客様の召し上がるペースに合わせて2回に分けて焼きます。

プロが焼いた肉は一気に食べてもいいし、食べやすい大きさにしてもいい。その肉を生卵にくぐらせて、炊き立てのご飯と一緒に食べる。それでおしまいです。

「え、それだけ？」と、皆さんは思ったことでしょう。

僕もそう思います。

「どうせやるなら、野菜も出せばいいじゃないか」

確かにそうです。

でも、僕は何より、肉のおいしさを本気で味わってもらいたいと思って、この店をつくろうと思いました。だから、これだけでいいんです。

最近は、若者でもあっさりした肉を好む人が増えています。霜降り肉は脂っこいと言われて、和牛離れが起こっているという話も聞きました。日本で一番おいしい和牛が日本人から敬遠されるなんて、心苦しいじゃないですか。

どうすればお客様に和牛のおいしさを実感していただけるだろうか——。

僕は、関西風のすき焼き店で、仲居さんが牛脂をひいて、砂糖と醤油だけで1枚の肉を焼いてくれる、あの〝最初の1枚〟が最高においしいと思っています。

関東風すき焼きは、割り下で味付けた肉と野菜を一緒に煮込んだ鍋です。でも、関西風すき焼きのメインは、あくまで肉なんです。あの、口いっぱいに肉のうまみが広がる感動を届けるには、これしかないと思いました。

「ここは潔く、1枚肉だけでやろう」。勝負に出ました。

すき焼き肉でご飯を食べた後は、残った卵をご飯にかけて召し上がっていただきます。それに、赤だしの味噌汁と、漬物、あおさが出ます。

「これだけでは食事が5分もかからずに終わってしまうじゃないか」という意見もありました。あまりに早く終わってしまっては、お客様の満足感に欠けてしまいます。

そこで、食後のデザートとして、ソフトクリームを出しています。

じつは、デザートを出すかどうかで、僕はかなり悩みました。「肉の味だけを口の中に残していただきたい」という気持ちと、「お客様の満足感」との間で葛藤しました。

しかし、食後にお客様同士が「おいしかったね」などと会話する時間を演出するには、デザートが不可欠です。それに、あえて味をリセットさせた方が、「ああ、もう一度食べたいな」と思って、また来店していただけるのではないかと思っています。

コンセプトは「すき焼き肉を〝離れの茶室〟のような落ち着いた空間で、思う存分堪能する」です。そこから店名を「すきはな」と名付けました。

「すきはな」１号店の場所にはこだわりました。もちろん銀座周辺です。

新橋駅の銀座口から、並木通りを通ってすぐ、25坪の小さな路面店です。家賃が高くても、「いきなり！ステーキ」が口コミで広がった時のように、ＳＮＳでバズってほしいと期待を込めました。２号店は渋谷、新宿、浅草で検討したいと考えています。

価格は3種類の定食セットのスタイルで、国産牛１９８０円、黒毛和牛２５３０円、ブランド和牛３８５０円です（価格はいずれも２０２４年12月の開店時）。たった20～30分程度で済む「すきはな」の食事に対して、この価格は高いと思う方がいるかもしれません。

しかし、「すきはな」は、ただお腹を満たすためだけの店ではありません。

お客様が「なんだか面白そうだな」とか、「行ってみたい！」と思えるような体験を提供する、食のエンターテインメントだと思っています。

どうですか。皆さん、ちょっと「すきはな」に行ってみたくなりませんか。もしそう思っていただけたら、とてもうれしいです。

先日、メディアの取材を受けた時、僕は「目標出店数は40店舗です」と言いました。でも、本当のところは30店舗と控えめです。

ちなみに、父に「すき焼き」の新業態プランを話したら、「ああ、それなら俺も考えていたよ」と言っていました。でも、肉1枚で勝負するアイディアまであったかは確認していません。

「すきはな」は「いきなり！ステーキ」を超えられるのか。挑戦はまだ始まったばかりです。

地元メシを救いたい

もう一つ、新しく考えていることがあります。

ハワイのホテルの最上階レストランを以前に買おうとしたエピソードは、第6章でお話ししました。いま考えているのは、その正反対のことです。

日本各地には、地元の人たちに愛されている中華料理店や洋食店がたくさんあります。でも、多くの店はご高齢の店主が店を切り盛りしています。後継者がいないため、惜しまれながら閉店してしまうケースが相次いでいます。

しかし、そういう店にこそ、名物料理があります。地元の人たちに親しまれてきた〝地元メシ〟です。その料理がなくなってしまうのは非常にもったいない。そう思いませんか。

だから僕は、その店をそのまま引き継ぐサービスを始めたいと考えています。簡単に言えば、個人商店の事業継承をお手伝いする事業です。

後継者がいなくて困っているお店に、株式会社ペッパーフードサービスが料理人とサービススタッフを派遣します。料理のレシピは店主から受け継ぐので、〝店の味〟が守られるのです。店名も変えません。

基本的には、その店だけを引き継いで経営していく事業です。でも、もし、その名物料理が多くの人に愛されているなら、限定的な地域でのチェーン展開も考えられるのではないかと考えています。

僕は静岡県内だけに34店舗を展開する「さわやか」で修業していました。「さわやか」の〝静岡から出ない良さ〟を実感してきました。地元に愛される味はその地域内にあるからこそ特別感がある。だから、県内など限定した地域でのチェーン展開がいいのではないかと思っています。とはいえ、まったく初めての事業です。

僕は会社を大きくしていきたいという思い以上に、飲食業の現場で頑張ってきた人たちのアイディアをもっともっと教えてほしいのです。

どんな個人商店もゼロから新しいものをつくっています。父ももともとはコックでした。それぞれの店には、アイディアがいっぱい詰まっています。それらを集めたら、きっと大きな事業につながるはずです。僕はそう確信しています。

もう逃げない

さて、ここまで僕の軌跡を話してきました。

振り返ると、若いころは、家出して、また家出して、いろいろなものから逃げ続けた人生でした。でも、それを悔やんだことはありません。逃げているようで、もしかしたら人生のターニングポイントで最良の選択をしていたような気もしています。

もしも、16歳のころ、家出せずにあのまま学校に通い続けていたら、どこかでもっと大きく父に反発していたかもしれません。

もしも、25歳のころ失踪せずにあのまま店にいたら、父との溝は埋まらなかったかもしれません。

そう考えると、あの時逃げたことは、必ずしも悪い選択ではなかったと思うのです。

でも、あのころから僕は変わりました。

僕には責任があります。会社を、店と従業員たちを、背負っています。

僕はいま、株式会社ペッパーフードサービスの代表取締役社長です。

「従業員の幸せなくして、お客様の幸せなし」

その使命から、僕は今後ずっと、逃げることはありません。

「お父さん」

父は２０２２年８月に会社を辞めました。

しばらくは散歩などして過ごしていたようですが、やっぱりそれではおさまりません。

２０２３年11月、東京・両国に和牛ステーキ専門店「和牛ステーキ和邦」をオープンしました。株式会社ペッパーフードサービスとは関係のない、個人商店です。現在82歳の父はほぼ毎日厨房に立って、元気に働いています。

最近、父が突然オフィスに現れました。本人としては、ちょっと軽い気持ちで顔を出したようですが、社内は大騒ぎになりました。

「お父さん、なんでここにいるんですか!」

「いや、忘れ物を取りに来た」

父はケロッとしていました。

ところで、お気づきになりましたか?

最近、僕は父のことを「お父さん」と呼ぶようになりました。

僕は10代後半のころから、父のことを「社長」と呼んでいました。家の中でもずっと「社長」でした。一緒に仕事をしていたから、そう呼ぶのが一番ラクだったのです。

しかし、父が社長ではなくなった時、どう呼んだらいいか困りました。

〝元〟社長とか〝前〟社長と言うのも、なんだか父に失礼な気がしました。自分の中に、父を辞めさせてしまったという申し訳なさがまだ残っているのかもしれません。

だから、「お父さん」と呼ぶことにしました。

普通ですよね。でも、30年以上「社長」と呼んできたので、意識しないと「お父さん」と口から出てこないんです。

この本を出すと決まった時、「これで、僕が中卒だとか、家出していたとか、全部バレちゃうな……」と笑うと、父はこう言いました。

「お前がこの会社を立て直したんだ。自信もって本を出せ」

いま、父とは仲のいい親子です。

弟へ

いきなりですが、一瀬健作の姉です。久美子と申します。

姉の目から見た、弟のことをお話しできたらと思います。

小学校高学年のころ、私が玄関で靴を脱ぎっぱなしにしたことがありました。父は激怒しました。礼儀作法に厳しい人なのです。弟はきちんと靴をそろえていましたが、私と一緒になって怒られました。私と弟はいつも連帯責任を負う関係でした。

私たちはよく一緒に店の手伝いをしていました。私は洗い物の担当でした。弟はそれに加えて、出前と毎朝の仕込み作業がありました。

冬の寒い朝、冷たい挽き肉の中に手を入れて、小さなてのひらで黙々とハンバーグをつくる姿には、いま思い返しても胸打たれるものがあります。

弟に反抗期はなかったと思います。姉のせいで自分が怒られた時も、毎朝の仕込み作業を手伝わされた時も、文句を言わない。幼いころから優しい性格でした。

そんな弟だから、16歳で家出をした時、私は心の中で「がんばれ!」と応援していました。私にも、弟と同じように、父から逃げ出したい気持ちがあったからです。でも、私は父が怖くて、とても無理でした。

私は、家出した弟のことがうらやましくてしかたがなかった。

「きっと健作は、一回りも二回りも大きく成長して戻ってくるはずだ」

素直に、弟のことをすごいと思った出来事でした。

その後も、弟は25歳の時に再び音信不通になってしまいました。でも、たった一度だけ、突然ふらっと現れたことがありました。私の結婚式の会場でした。

知人が弟に、私の結婚式があることを知らせてくれていたようです。弟はさほど気にしていないようですが、私にとっては、これまでの人生の中で指折りの「うれしいサプライズ」でした。

私はいまも、弟と一緒に働いています。株式会社ペッパーフードサービスの商品管理部で、ネット販売事業などを担当しています。

でも、2022年の社長退任については事前に何も知りませんでした。他の社員と同じように、私もニュースを見て驚いていました。

弟は、父を退任させることを、誰にも相談することなく、自分ひとりで決断したのだと思います。

父が代表を退いた時、私にだけ話したことがあります。

「健作には、かわいそうなことをした」

父は、弟のことを心配していました。

会社の経営状況が最悪で、世間の風当たりが強い時期に、立て直しの責任を負わせてしまった。そのことを悔いているようでした。

父と弟は、社長としての資質がまったく違います。

父は強いリーダーシップで会社を引っ張っていくタイプでしたが、弟は周りの意見をよく聞いて、みんなでつくりあげようとするタイプ。

だから、新ブランドである「すきはな」の構想を聞いた時には、「ああ、健作らしいな」と思いました。

父はとにかく自分のやりたいことが最優先でしたが、「すきはな」には、社員みんなのアイディアが詰まっています。きっとお客様に愛される店になるはずです。

父は、会社のリリースやニュースが出ると、もう会社とは関係がないのに、すぐにＬＩＮＥで意見を言ってきます。それもかなりの長文です。

父は、「健作は、俺に何も相談してくれない……」と寂しそうにしていました。心配で、どうしても口を出さずにはいられないのです。

とうとう弟は、父のＬＩＮＥを一時的にブロックしてしまいました。

でもまあ、父と息子なんて、これくらいの距離感がちょうどいいのかもしれません。

弟は本当に、一回りも二回りも、いや、それ以上に大きく成長してくれました。

「健作なら、大丈夫」

私は弟を、新社長を信じています。

一瀬　久美子

エピローグ

なんだかんだで……

「こんなにドラマティックになるとは」(一瀬)
「一切脚色していませんよ」(編集)

オープンを1週間後に控えた「すきはな」1号店。

店のスタッフたちが開店作業に忙しく動き回るなか、一瀬健作と編集者はオープンキッチンのカウンター席に並んで座っている。目の前には、厚さ2センチほどの束になったゲラ(本を印刷する前の紙の束)が置いてある。ページをめくりながら、一瀬が話し始める。

一瀬（以下【一】） 開店の準備でバタバタしていて、感想をお伝えするのが遅くなってすみません。

編集者（以下【編】） いかがでしたか？

【一】 冒頭が父に退任を迫るシーンとは。いきなりクライマックスですよね。「まさか、ここから始まるのか」と（笑）。

【編】 書き出しはここしかない、とインタビュー中から思っていました。

【一】 僕は数行読んだところで、頭に父の顔が浮かんできてしまって、〝プロローグ〟のページをめくることができず……。半日くらい休憩して心を落ち着かせました。その後は、2時間くらいでグワーッと一気に読み終わりました。

【編】 一瀬さんの人生は波瀾万丈ですよね。『百折不撓』シリーズの第3弾にふさわしいです。

【一】 えっ、本当ですか？

【編】 『百折不撓』シリーズは、企業の経営者が困難や苦悩を乗り越えて、自分自身や会社をどう立て直していくのか、その思いを紹介しています。一瀬さんのリアルな言葉は、きっと読んだ人の励みになると思います。

【一】 だといいのですが……。とはいえ、ちょっと気恥ずかしい言い方ですが、自分の話がこんなにドラマティックになるとは思いませんでした。

【編】 一切脚色していませんよ。

一 はい、それはそうなんですけども。この本は、実際に自分で書いたわけではなくて、お話ししたことをプロのライターの方に書いていただいたので。

編 実際に本になってみると、ご自身で想像していたイメージとは少し違うと感じる方は、意外と多いです。

一 そうなんです。ゲラを読んでいて、普段の僕なら使わない言葉もありました。一瞬あれっと思うんですが、後ろの方まで読んでみると、「あー、その言葉遣いでいいんだ」というところがありました。

編 たとえば、どんな言葉ですか？

一 本では、父が経営していたころの会社を〝一瀬邦夫の個人商店〟と表現しています。僕はそういう言葉を使ったことはないのですが、読者の視点に立てばその通りだなと納得したので、ゲラに修正は入れませんでした。

「お父さんの感想は？」（編集）
「大丈夫です♪って」（一瀬）

編 お父さんの邦夫さんにも読んでもらいましたか。

一 先日、父の店に原稿を持って行きました。父は仕込みの肉を切っているところで、「お前がこんな時間に来るなんて怖いな」なんて軽い感じでしたが、原稿を手渡したら、ぐっと声のトーンが低くなって肝が冷えました。

編 怒っていた？

一 父から「これは誰のための本なのか」と聞かれました。真剣な口調でした。

編 えっ。

一 家族のことも会社のこともかなり赤裸々に語っているので、この本を出すことが会社や社員のマイナスになってしまうのではないかと言うのです。僕もかなり悩んだので、さすがお父さん、核心をついてきたなと思いました。

編 読者の受け止め方は様々ですからね。一瀬さんの初めての本だから、邦夫さんも気が気じゃないのではないですか。

一 父としては言いたいことがたくさんあったと思います。でも、「俺が（出版を）やめろと言っても、お前はやめないんだろ」と半ばあきらめていましたね。「読みたくない」と愚痴りつつも、最後は「原稿は置いていけよ」って。

編 で、読んでもらえたんですか。

一 父からLINEが来ました。原稿を置いて店を出た3時間後です。

編　速い！　で、なんて書いてあったんですか？

ー　「はい。全部読みました。もう大丈夫です。このままでいいです」って。

編　ほっ。もっと厳しいコメントかと思っていました。

ー　でも、父はいつも長文で感想を言ってくるんです。それなのにこんな短文の返事だったので気になってしまって。

編　モヤモヤ……。

ー　それで、その日の夜にあらためて「嫌な思いをさせてすみません」と父にLINEしたら、2分くらいで「大丈夫です♪」と返信が来たので、少しほっとしました。

編　それは、本心なんでしょうか……。

ー　父が「♪」の絵文字を使う時は、相手に「ちゃんと理解しているから、安心してくれ」という気遣いなんです。父が原稿を読んだ3時間で、「息子を見守ろう」というスタンスに変わったのではないかと理解しました。

編　父と息子って、本心を直接語り合うこと、あまりないですよね。邦夫さんが、この原稿を読んで息子の本心を知る、なんてこともあったかもしれません。

ー　そうですね。父も初めて「この時、健作は俺のことをこう思っていたのか」と知る場面はたくさんあったんじゃないかな。

編　父と息子の邂逅。

ー　この本を介して、心の中で父と通じ

「和牛ってなんておいしいんだ！と衝撃を受けました」（一瀬）「だから新業態は〝和牛〟なんですね」（編集）

合えた気がします。

編 ところで、今日は初めて邦夫さんがお店にいらっしゃるそうですね。

一 取引先の皆さんをご招待していて、父も昔からお付き合いのある皆さんに久々に会えると楽しみにしているんです。

編 内装もすごく凝っていて、素敵な空間の店ですね。邦夫さんもびっくりするはずです。

一 壁紙はプリントではなく一枚一枚手描きですし、オープンキッチンに大きな松を飾りました。細かいところまで〝離れの茶室〟というコンセプトを追求しているので、注目してもらえたらうれしいです。

編 それから、なんといっても和牛。

一　僕が初めて和牛を食べたのは、父が経営する「ステーキくに」で手伝いをしている時です。中学2年生でした。店の人が父に内緒で、厨房にいる僕に、和牛ステーキの切れ端を食べさせてくれたんです。

編　ほー。

一　ほんの小指の先くらいの大きさでした。口に入れた瞬間、「和牛ってなんておいしいんだ!」と衝撃を受けました。今も忘れられません。

編　それで、一瀬さんオリジナルの新業態は〝和牛〟なんですね。

一　ただ、心配なのは父です……。

編　えっ。どんなところが?

一　〝すき焼き肉1枚勝負〟がどう評価されるのか……。

編　大丈夫です♪

一　出たー(笑)。本で何度もお話しした

「僕にとって父は〝永遠の審査員〟なんです」(一瀬)「偉大なお父さんですね」(編集)

とおり、父はアイディアマンで飲食業界のヒットメーカーです。と同時に、僕にとっては〝永遠の審査員〟なんです。

編 偉大で手ごわいお父さんですね。

一 父はもともとコックとして味を決めてきました。さらに、商品の開発者でもありました。自分でおいしいメニューをつくって「これでいくぞ！」と言うことができる人だったんです。

編 確かに。

一 僕にはコックの経験がありません。父と同じことはできないんです。でも、逆に〝僕にはできないこと〟がプラスになったんです。

編 どういうことですか？

一 「すきはな」の味付けは、調理担当者が何度も試作をくり返した結果です。

「開店の1カ月前に……」（一瀬）

「オープン直前の店あるあるですね」（編集）

編 これまでは、お父さんが決めた味の再現が求められていましたね。

一 はい。でも、いまは社員がオリジナルの味をつくり出しています。店もメニューも、みんなで一からつくり上げる楽しさがあるんです。

編　開発段階から社員がかかわっている。

―　はい。もともと味付けは上白糖と醤油で完成していました。ところが、オープン1カ月前、上白糖をザラメでつくった綿あめに変えたら面白いのでは？という話になって、厨房でザラメを使いました。

編　うんうん。

―　いやあ、醤油とザラメで和牛を食べてみたらすごくおいしくて。店のスタッフみんなで「ザラメで開発し直そう」と意見が一致しました。綿あめ案はボツりましたけど。

編　あー、オープン直前の店あるあるですね。

―　調理スタッフは大変だったと思いますが、みんなで〝新しいものをつくる幸せ〟を共有できました。すごくいい経験でした。

編　さあ、もうすぐ印刷が終わって、本が街に並びますよ。

―　不安ですね……。でもこの本をきっかけに、「いきなり！ステーキ」や「すきはな」を身近に感じる人が少しでも増えてくれたら、本を出して良かったと思えるんでしょう。

カリスマ社長《しゃちょう》の父《ちち》に退任《たいにん》を迫《せま》りいきなり！社長《しゃちょう》になった息子《むすこ》の話《はなし》

著者 一瀬健作《いちのせけんさく》+百折不撓編集委員会《ひゃくせつふとうへんしゅういいんかい》

2025年1月31日　第1刷発行

一瀬健作

（いちのせ・けんさく）

1972年、東京都生まれ。
1999年、父・邦夫氏が創業した株式会社ペッパーフードサービスに入社。
2005年、取締役。2019年、代表取締役副社長。
2022年、代表取締役社長に。
2024年、営業黒字を達成し、新業態のすき焼き店「すきはな」1号店をオープン。

発行者	寺田俊治
発行所	株式会社　日刊現代 〒104-8007 東京都中央区新川1-3-17 新川三幸ビル 電話03-5244-9620
発売所	株式会社　講談社 〒112-8001 東京都文京区音羽2-12-21 電話03-5395-5817
企画	株式会社 22世紀アート
表紙／本文デザイン	フロッグキングスタジオ
編集	株式会社 テックベンチャー総研
編集協力	北島あや
校正	溝川歩
DTP	ヴァーミリオン
印刷所／製本所	株式会社 KPS プロダクツ

ISBN978-4-06-538513-5

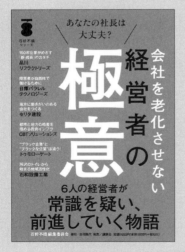